U0595433

深度管理

突破管理困境的25条黄金法则

[美]大卫·戴伊（David Dye）　[美]卡琳·赫特（Karin Hurt）◎著

苏健◎译

WINNING WELL

中国友谊出版公司

图书在版编目（CIP）数据

深度管理 / (美) 卡琳・赫特, (美) 大卫・戴伊著；苏健译. -- 北京：中国友谊出版公司, 2018.7（2022.9重印）

书名原文: Winning Well: A Manager's Guide to Getting Results---Without Losing Your Soul

ISBN 978-7-5057-4381-6

Ⅰ. ①深… Ⅱ. ①卡… ②大… ③苏… Ⅲ. ①管理学-研究 Ⅳ. ①C93

中国版本图书馆CIP数据核字（2018）第110809号

著作权合同登记号 图字：01-2018-3857

书名 深度管理
作者 [美] 卡琳・赫特 [美] 大卫・戴伊
译者 苏 健
出版 中国友谊出版公司
发行 中国友谊出版公司
经销 新华书店
印刷 唐山富达印务有限公司
规格 880×1230 毫米 32 开
8 印张 150 千字
版次 2018 年 7 月第 1 版
印次 2022 年 9 月第 10 次印刷
书号 ISBN 978-7-5057-4381-6
定价 52.00 元
地址 北京市朝阳区西坝河南里 17 号楼
邮编 100028
电话 （010）64678009

献给我的父母，拉里（Larry）和琴（Jean），

他们是我最早和最好的赢得漂亮的榜样。

同时献给马库斯（Marcus）、本（Ben）和塞巴斯蒂安（Sebastian），

他们在我创作的过程中一路相伴。

——卡琳

献给我的女儿艾佛瑞（Averie），

让我懂得了赢得漂亮的意义。

——大卫

序

帮助企业领导与同事和团队建立起更好的关系，这就是我所从事的职业。在这份工作当中，我认识了许多经理人，他们绞尽脑汁地想要实现成功的业绩，却没能在工作上建立起有意义的关系。

如果你对号入座了，那么欢迎加入这个庞大的集体。事实上，在全世界的公司、非营利性组织和政府办公室里，随处可见这种压力重重、灰头土脸（往往还绝望无助）的管理人员。但这是可以改观的。你可以做到。

卡琳·赫特和大卫·戴伊所提供的必要工具将助你完成管理人员最重要的职责：提高企业绩效，同时不牺牲你的人性、幸福或者理智。

我常常与高管们分享说，真正重要的唯一一种业绩评估标准就是当你回首人生之路时对自己做出的评价。当我的朋友们在调查人们对过去几年生活的感悟时，发现答案主要有三大主题：及时行乐、至关重要的朋友和家人，以及有梦就去追。

从商业的角度来看，我的终极商业建议也差不太多：

· 生命是短暂的——找点乐子。

· 想方设法帮助别人。

· 做你认为正确的事情。

卡琳和大卫为你提供了在日常工作中实现以上三大目标的具体工具。他们所分享的资源会帮助你树立起健康的管理思维、事半功倍地提高企业绩效，并帮助你与同事和团队建立起更好的关系。我之所以鼓励你运用这些工具，不只是因为它们能提高企业绩效，而且是因为等你老了的时候会为此而感到欣慰。

作为一名高管教练，我特别喜欢简单的工具。不过，简单并不意味着轻松。虽然卡琳和大卫与你分享的工具实施起来简单而直接，但是纸上谈兵是没用的。卡琳和大卫之所以知道这些工具的效力，是因为他们也曾站在你现在的位置上，并实践过他们介绍的每一种方法。

让卡琳和大卫从一众商业书籍作家中脱颖而出的一点是他们的感同身受。他们确确实实地知道你的工作是什么样子的，感受过你所面对的压力，并且从中茁壮成长。从他们分享的鼓励、幽默和严厉的爱中可以看到，他们对第一线和中层的管理人员怀着真真切切的同情。他们希望你能成功。

最后，作为一名管理人员，你的工作远不仅限于为客户制造东西或者提供服务。在最后一章里，卡琳和大卫呼吁大家留意自己的足迹：在完成工作的时候，为你自己和你的家庭建立了什么样的生活，以及对周围的人产生了什么样的影响。在《深度管理》里，卡琳和大卫会给你想要的答案。你会运用它们吗？

生活是美好的。

马歇尔·戈德史密斯

Triggers 和 *Mojo* 的作者

目录

第三部分

激发团队获胜动力

第四部分

把握时机，乘胜追击

第一部分

深度管理

欢迎了解一种新的管理方法：深度管理。通过这本书，我们会带来一些工具，帮助你蓬勃发展、实现持久的业绩成果，并且愉快地工作。在这一部分，我们将介绍每个管理人员都要面对的真实挑战，解释所谓的赢得漂亮的确切含义，并教给你几个基本原理，在你面临的每一个管理场景中都能借此取得成功。你还会认识三种类型的管理人员，他们要么没有赢，要么赢得很难看，要么在半路上放弃了人性化管理。最后，我们会分享在无限数据的时代增强管理效力的方法。这些工具会成为赢得漂亮的基础，让你在人性化管理的同时，业绩也能蒸蒸日上。

第1章

为什么要专注输赢

“生活要么是一场勇敢的冒险，要么就不值一提。”

——海伦·凯勒（Helen Keller）

我们不胜其烦地看到，当管理人员们应当专注于输赢时，却不顾一切地付出了所有的代价。经历了大萧条之后的超竞争的全球经济让第一线和中层的管理人员的位置发生了变化：他们的使命就是要赢，要“有实际改变”，要获得最高的评价、等级和成果。许多管理人员为了赢而走火入魔，不在乎任何代价，并且将别人当作工具来利用——简而言之，他们放弃了人性化。

按照这种做法，如果管理人员为了上进而加班加点，那么必然要付出很高的代价。而那些不愿意做出如此牺牲的人要么选择退出，到竞争不那么激烈的环境中去，要么打着对团队“友好”的旗号，试着躲避苛刻的业绩要求。他们被夹在埋头苦干的员工和给他们施加更大压力的领导之间，经过了多年的求胜尝试后，纷纷举手投降，想办法得过且过。不可避免地，在挥之不去的压力和不断下滑的业绩面前，他们败给了冷漠、孤立，或者丢掉了饭碗。

觉得你的工作没有这样的风险？研究结果可不这么认为。据盖洛普（Gallup）的调查，将近三分之二的美国工人和管理人员都是孤立的。我们并不认为这是巧合。在这样的环境中，没有人能成为赢家。

“你不能拖后腿！”老乔看到小安疲惫不堪的眼中噙满的泪水，

刚吼了一嗓子就不说话了。

事后，老乔在办公室里承认："我做得有点过分了。她才刚刚被提拔为中心的主管，为了快速增长的业务而加班工作。但问题是，我们没时间了。商务计划要求这个中心在 6 个月内实现盈利，现在都已经过了一年多了，我们离目标还差得很远。我的副总隔几个小时就要打电话来问情况，根本就是在浪费每个人的时间。"

老乔用力揉了揉太阳穴。"虽然我的下属需要我指导和支持他们，但是如果我们在接下来的 90 天里还不能进步，那么到了明年所有人都得滚蛋。也许我不适合这里。"

老乔是一家 600 名员工的客服中心的老大。公司对员工有评比排名，也就是说每个客服都会根据权衡了质量、生产力和财政三方面的标准得到评分，并根据由高到低的顺序进行排名。管理人员和各个中心也会按照同样的方式排定座次，而老乔的中心是吊车尾的那个。运营副总裁密切关注着这些数字，不停地打电话给老乔，让他解释评分怎么这么难看。老乔的大部分时间都在四处救火、答复顾客的投诉，绝望地拉高那些数字，想让他的团队名次提高。

不管你的组织是否有评比排名，请试着体会一下老乔的挫败感。他受命赢下一场仿佛有人作弊的比赛。他没有机会做任何需要做的事情。公司不停地在打分，而老乔不停地在输。每当他尝试赢一局时，都会伤害到别人，伤害那些他熟悉的、与他一样努力的人。

到了这个时候，他已经不知道自己能不能赢了，然而就算能赢，这场胜利看起来也必定会付出高昂的代价。每次发脾气，他都能感觉到自己的情绪在逐渐失控。虽然能做出点成绩来，可是都牺牲了些什么呀！

赢

赢并不是说要你达到某种不切实际的完美状态。赢意味着你和你的下属成功完成了应当完成的工作。真正的竞争对手并不是这栋大楼对面的那个部门或者当地的另一家组织。你的竞争对手是平庸。

无论你是在管理一群承包了政府制造下一代星际卫星的合同的工程师，在监督一支非营利性团队拯救濒危的鼩鼱，在管理大城市的一支财产税评审小组，作为外科医生在与之前从未见过的麻醉医师和手术室护士一起抢救病人的生命，还是在管理一家 24 小时便利店，赢就意味着你要做到优秀。在赢的时候，我们就实现了更好的客户服务、更好的产品、更好的照顾、更好的体验和更好的世界。在赢的时候，每个人的生活都会更好。

赢得漂亮

“赢得漂亮”意味着你能长时间地维持优秀的业绩，因为你拒绝屈服于严酷而招致压力的捷径，暂时将他人当成业绩的牺牲品。你需要让精力充沛、鼓足干劲的人们共同工作。你的策略的强大取决于你的团队在第一线的执行力，要是他们害怕思考，或者疲于思考，那么就会一蹶不振。你可以制订一切美好的计划，实施六西格玛品质管理计划，并规划全宇宙最出色的竞争定位，然而如果真正做事的人缺乏能力、信心和创造力，无法实现这些蓝图，那么你就完蛋了。

实际上，在今天这个相互连接的世界里，人们对积极向上的工作环境的需求越来越强。当你无法提供这样的环境时，他们就会轻而易举地投靠马路对面的竞争对手，或者做自由职业者或独立承包商来自食其力。从你投资的时间和培训中收益的不是别人，正是你自己。

“赢得漂亮”意味着你能长时间地维持优秀的业绩。

本书中的故事和最佳实践案例都来自于我们与隶属私营、公共和非营利性产业的数千名管理人员的合作经历，这些人都有一个共同点：他们必须鼓励下属，才能实现通常看来如同天方夜谭的成果。你不需要逆来顺受，你可以成为一个以出成果而闻名、受大家尊敬，并且让别人愿意与你合作的管理者。你可以赢得业绩，也可以赢得人心。

如何使用本书

在《深度管理》中，我们会分享一些经过千锤百炼的实用工具，让你长期地鼓舞团队并取得出色的成果。我们在自己的职业生涯中也使用了同样的工具，还分享给了接受培训和指导的所有的管理人员。这并不是一本管理学理论课本，相反，我们提供了相当丰富的上下文环境，方便你理解其中的工作原理和按需定制的方法。不过，我们的目标是让你得到招之即用的资源，不仅能赢，而且能赢得漂亮。

《深度管理》是为了让你能迅速找到所需的答案而编写的。我们建议你通篇读完，并回答每个章节末尾的行动计划问题。你也可以将这本书当作现实世界的参考指南，来应对眼前的挑战。团队里有个人受到冷落或者需要更大的挑战？翻到第 17 章或者第 19 章就能解决你的问题。老板没有把重要的任务指派给你？可以看看第 9 章。如果你想要张罗一场简单的活动给团队注入动力或者培养更亲密的关系，只要浏览一下第三部分，你就能找到各种满足需要的选择。

每一章都包含了许多现实生活中的例子，它们都来自于我们自己的经历和与我们合作过的部分管理人员。每个章节最后都会有一份总结性计划。这些部分就是为了帮助你将学到的东西用于实践，尽快地看到改观。每个部分的结尾都会归纳对成功而言必不可少的“赢得漂亮”的实践方法。

在下一章中，我们会分享一种管理思维，这是本书的核心。有了这一模型，你在将来遇到的任何场景中都能赢得漂亮。在第一部分的最后，我们会推荐一些使用数据的方法，避免你误入歧途，错过最为重要的东西。

在第二部分，即第 4 章到第 11 章，我们所提供的工具将让你有赢的资本，能获取有意义的成果。这些都是能立刻被运用在与业绩相关的问题上面的实用贴士、技巧和策略，无论你是想让别人把注意力集中在结果上，做出所有人都鼎力支持的商业决策，还是迅速让下属对使命和结果担负起责任。

在本书的第三部分，即第 12 章到第 21 章，你会了解“赢”的关键要素，即激励、鼓舞和活化团队。你要深刻认识到所有员工的基本需求，并探索种种实用的方法，在维持和改进成果的同时支持他们。

在最后一部分，即第 22 章到第 25 章，你会看到在运用策略时将要遭遇的挑战。你可以借助第四部分所介绍的具体方法来攻克那些对赢得漂亮与否并不在意的老板、对赢或输毫不走心的员工，以及应对可能是最为困难的一大挑战——你自己。

帮你赢得漂亮

除了本书中介绍的工具之外，我们还在“深度管理工具包”里加入了更多的资料，地址是 www.WinningWellBook.com。我们建议你把这个工具包下载下来，一边阅读一边参考。

第 2 章

管理者的 4 种类型

“我的老师父说过，‘想得简单点’——意思是将每个部件的整体都用最简单的词语概括，回归到最初的原理。”

——弗兰克·劳埃德·赖特（Frank Lloyd Wright）

我们会在这一章分享帮你体面获胜的四大基本原则：信心、虚心、结果和关系。在本章末尾的行动计划中，你可以做一份“赢得漂亮”评估问卷，找出你已经做得出类拔萃的方面和值得额外关注的行为。

“别乱丢鱼！”

能听到这句话的地方可不算多，小学的课堂就是其中之一。在这里，世事难料。

大卫初入职场时是个老师。在教师培训时，最重要的专业技能之一便是如何管理你的班级。你该如何创造并维持一个安全的学习环境，并让 30（或更多）个心猿意马的学生集中精神呢？又该如何避免不当的行为呢？

在刚开始当老师的时候，一位导师分享过一项教室管理的重要原则。她称之为“别乱丢鱼”范式。在教师管理这方面，没有经验的老师往往会墨守一系列规则。你一定记得自己读书的时候有这样的场景：举手发言、不许乱动、好好排队。

可是，如果有个学生做了一件规则里没有提到的事情，你该怎么办呢？比如说，他拿皮球扔同学。初出茅庐的老师就会说，“别拿皮球扔别人。”

长大以后成为了律师的小汤读书的时候就把班上鱼缸里的金鱼捞出来，扔在同学小茜身上。恼怒的老师吼道，“小汤，我不是说了不要朝别人乱扔吗？”

小汤丝毫没有收敛调皮的笑容，答道，“你是说不要扔皮球——你又没说不能扔鱼。”

大卫的导师想要说明的是：你不可能为每一件事情制订好具体的规则。所以制订几条简单而直接、永远都能适用的准则会有用得多。

虽然我们可以分享许多具体的工具，在具体的情况下可以实现具体的结果，但却不可能面面俱到地应对你可能经历的每一种情况。我们可以做得更好。我们可以提供模型和实践方法，助你在可能遭遇的任何管理或者领导问题上游刃有余。在熟练掌握之后，你就做好了完全的准备。实际上，我们在本书剩余部分所提供的一切具体工具都是以这些原则为基础建立起来的。

赢得漂亮的四大原则

那些硕果累累的管理人员无不遵循四大原则。于己，他们重视信心和虚心。于人，他们在以上强大的个人基础上又会注重关系和结果的平衡。我们首先来说说信心，因为你的自信会激励他人的自信，并且让其他的三项原则更容易被激发出来。管理中的信心有三个关键的组成部分：清楚自己的强项、坚持重要的东西和发出真实的声音。

自信

1. 清楚自己的强项，掌控它们，并运用它们。

跟着别人亦步亦趋地管理自然没有必要，对于自己的能力和拿出来的东西，你也应该有点信心。如果你连自己都不相信，那么员工怎么会相信你呢？

有一回，卡琳带家人参加了一场西部野牛围捕活动。年轻的女牛仔小乔虽然肩负着重大的责任，但非常冷静，她清楚地知道自己在做什么，保障着所有城里来的观光客的安全。要是哪个骑手没驾驭好，一人一马被野牛围住了，她就会高喊“你是一头牛”，尽管听起来好笑，但这声明确的提醒确实成功地把迷路的人救回了安全地带。

可惜的是，小乔缺乏自信。在结束了那段紧张的时刻后，她对自己的强项并没有很高的评价，说，“啊，我并不是很擅长吸引别人的注意力。我实在是话太多了，这样不好，有的时候我就是忍不住要说。要是我哥哥当领队的话，你们肯定会更愉快的。”

在大家离开的时候，卡琳观察了一下，发现小乔的不自信导致她拿到的小费也不多。她的态度让城里来的那些吝啬鬼没法对她高看一眼。

和小乔的自我评价一样，你的话语也会引导员工对你的看法。关键并不在于她只是个小姑娘。想象一下，如果小乔当时说，“我穿着尿布的时候就已经在跟着老爹放牛了。只要跟着我，保证让你学到一些酷炫的技巧，一起度过一个成功的夜晚。要是你不听我的，那么……也没啥，就是危险一点罢了。好了，备马吧！”

你有你的强项。你对自己的能力越是清楚，掌握和运用得越好，你的下属就会对你越尊重。

2. 坚持重要的东西。

小乔在围捕刚开始的时候管得很松，结果带来了混乱和恼人的结果。有一个养尊处优的家庭不服管教，小乔喊了他们 17 次来集体行动他们都充耳不闻。其他所有的参与者最后都在等他们，把围捕野牛的时间都浪费了。

如果开场的时候能更自信一点，结果就会好得多。假设小乔当时说，“安全第一。每个人都要穿好不露趾的鞋子，戴好头盔，备好水。我们将在 5 点准时出发，不然的话那些牛的脾气就会有点暴躁。如果 5 点了你还没到场，那么我们只能抛下你出发了。有问题吗？”

3. 发出真实的声音。

如果你说的话句句属实，那么你的影响力和公信力自然会得到提升。自信是你对自己和处理眼前问题能力的信任。如果你的话语中存在虚假，那么也就削弱了对自己的信赖。

说真话最困难也最重要的部分就是愿意分享糟糕的反馈信息和传达坏消息，不管是对上级、下级还是平级的人。这意味着你要愿意告诉老板，这个项目已处于危机之中；愿意告诉同事，他的消极态度正在危害团队士气；愿意告诉直接下属，她的体臭会阻碍她的职业梦想；或者对自己承认，目前做事的方法并不奏效，是时候学习新的技能了。

虽然信心是一种至关重要的内部价值，但在与虚心组合起来时，它会变得更加强大。虚心的意思并不是要你妄自菲薄，或者允许其他人将你视同草芥。作为一种对内的管理价值，虚心意味着你对自己有准确的认识。你清楚自己的强项，也了解你的挑战。你能认识到自己的内部价值，也能认识和尊重每个人的勤奋和价值。

虚心

1. 拥有准确的自我认识。

在初入职场时，卡琳受命领导一支人力资源（HR）团队，被空投到位于纽约市布朗克斯区的一家身陷囹圄的客户服务中心，实施“复兴”大计。当时这家公司的旷工率为22%，业绩成果非常糟糕。这个中心已经濒临倒闭，这些客服恐怕就要失去赖以生存的工作了。

这支团队聘请了培训师、建立了日托班、开展了认知活动，并使用了你能想象得到的其他所有活跃员工的手段。不出意外地，他们将旷工率降低了一半、提高了业绩，而管理人员也得到了晋升。他们宣布这场复兴计划大获成功，各自回到了日常的岗位。

当卡琳走出门外时，一位名叫妮妮的团队带头人拥抱了她。这个身材瘦小却穿着大号服装的乐观女子对她说道，“谢谢你。多亏有你在我们才能做到。”

当时，卡琳感到这是赞美。然而，事后她就开始为妮妮的慷慨致谢中的讽刺之处感到后悔了。

两个月后，这家公司的业绩又彻底回到了之前的样子，而且这一次，领导层的士气更为低落。

这一次，卡琳学到了她最重要的领导力课程：领导力的真正表现是在领导者离开后表现出来的。“多亏有你在我们才能做到”就是一个明显的证据。这证据所表明的并不是卡琳成功了，而是卡琳搞砸了。这些人并不相信他们能靠自己做得更好，因此在她离开了两个月后，既然他们相信成功来源于外部的解决方案，那么他们的行动也自然会印证这一点。

好的领导力并不在于你能做什么，而在于你让其他人能够实现，鼓励他们实现什么。

2. 承认错误。

从妮妮的感谢中意识到讽刺之处的卡琳联系了当初派她去布朗克斯区的那位副总裁，承认了自己的错误，并请求重来一次。

接着，她就飞回到了这家客户服务中心，再次展开了尝试。不过这一次，她退居幕后，从而确保妮妮和其他团队带头人亲自指挥、管理项目和实施计划。业绩提升了，虽然进展稍微缓慢了一点，但这一次不再是昙花一现。

最能激励团队的莫过于你能承认自己的错误，但你首先得在自己心里承认——这是虚心的一个重要的起点。

3. 欢迎挑战者。

你见过堪比老板的翻版的那种员工吗？他们穿一样的衣服，有一样的个人兴趣爱好，有一样的笑点，甚至有一些一样的习惯。这种人特别招老板喜欢，因为他甚至知道老板想说什么。有句话怎么说来着，“英雄所见略同”。这种员工自己也很喜欢这样的状态，因为能得到老板特别的赏识，令人飘飘欲仙，而且不得不承认，当别人的跟班往往是一条快速升职的道路。

虽然这种模仿老板的表面功夫可能奏效一段时间，但是迟早有一天，单调僵化的思维终会招致错误的决定。而且，双方都很可能被别人视为固定组合，缺乏独立思考的能力，因此失去公信力。只有怀着一颗谦虚的心才能让你接受他人对你想法的挑战（在第 16 章中，我们会提供一些这方面的具体工具）。

尽管纯粹地关注结果可能短暂地提高产出，但同时也会让员工疲惫不堪，加重人情冷漠，扼杀士气。我们见过太多的管理人员到头来孤独一人、灰心丧气，却还要为了不让业绩退步而更加努力地工作，这都是因为他们陷入了这种恶性循环之中。不过，只要对人际关系稍加重视，你就能激励别人更多地投身于目标当中。

你可能还见过一些只关注人际关系的管理人员，他们建立起了关爱互助的环境，却对结果不甚关心甚至撒手不管。那些顶级员工不可避免地选择逃离，因为最优秀的人才都希望为一支胜利的团队效劳，如果你对赢没什么兴趣，那么他们就会另谋他处。

还是那句话，业绩和人际关系是可以兼得的。优秀的管理人员会将两者兼顾。我们先来谈谈业绩结果。毕竟，实现成果才是“赢得漂亮”里面“赢”字的真谛。对成果的持续关注需要考虑到三个要素：清晰、计划和行动。

结果

1. 清晰。

作为管理人员，你最重要的职责之一就是确保清晰度。你的下属需要理解你的团队存在的原因，你负责产出的结果，你的工作带来的影响，以及对成功的期望。在与一家组织合作时，我们会通过一种简单的验证方法来让管理人员知道这一点。任何一名员工都应该能够回答，“你效力的团队在做什么，而这些成果对组织而言有什么意义？”在同一支团队或者工作组里，得到的答案应该是相同的。

清晰首先要从自我做起。在能够清楚地传达愿景之前，你必须确保自己是真正理解的。也就是说你要弄清公司的愿景，花点时间思考自己的团队所做的事情和它的意义。

柯莉是一家忙碌的公立医院的护士长。她充满活力、能言善辩，也受人欢迎。然而，她最后还是被调走了。尽管上司都喜欢她，护士们也很服她，与她共事令人愉快，但她无法清晰地说明这个部门需要实现的结果。她丢掉工作的原因是既不能清楚地定义什么是赢，也不能建立起切实的目标和要求，从而保障一个以病人为中心的不出差错的环境。

2. 计划。

当所有人都清楚了目的和结果时，管理人员就要努力制订严密的计划，引导这些成果付诸现实。你要运用专题会议、实干委派和高效的解决方案等手段，通过清晰透明、关注产出的决策过程帮助团队更好地展望未来。让每一个人的眼光都放在结果和实现结果所需经历的步骤上，这样就能让大家明确相互之间的职责。

柯莉反对制订计划。她享受在人际关系的层面上与其他护士合作和与病人交流。然而，如果没有最基础的检查清单，他们连最简单的活动都完不成，比如说向病人简要地介绍家庭护理的注意事项。她偶尔组织的会议都充斥着牢骚话，演变成好几个小会，等到会议结束后谁都不清楚自己应该在哪方面有所改进。

3. 执行。

实现成果的前提是信息透明和专项计划，最后则取决于你和你的团队的实际行动。如果没有有的放矢的行动，就不会有结果。管理人员应该是行动和责任的大师。你和你的团队都应按照说好的行动、互相之间信守承诺、为成功而庆贺，并且从历史中反思做得好的地方和下一次可以改进的地方。

由于结果不够清晰、行动的计划不够明确，而且行动中各自为政，柯莉的团队成了一团乱麻。虽然他们在任何时候都竭尽全力地照顾病人，但却一直力不从心，为了弥补那些原本可以避免的医生指令、文书工作和家庭护理指导任务而四处奔波。最后，看到那些不尽责的护士未被问责，他们更是感到心力交瘁。

清晰而有效地关注成果是你作为一名管理人员的影响力和成功的

根基。这是胜利的必要条件。

赢就意味着实现成果，但是除非加上对外部人际关系的第二层关注，这些成果是无法持续下去的。对关系的关注包含三项关键活动：联系、投资和协作。

关系

1. 联系。

在管理上关注人际关系并不是说要尝试成为所有员工的挚友，而是要作为一个有血有肉的人与你的团队连接起来。你应该用尊重和勤奋来对待每一个人，而不是数字、要求或者问题；你应该建立起你与团队之间和团队成员之间的信赖；你应该倾听他们的价值、需求和见解；并且应该鼓励他们的成就。

李琦是一家全国软件公司的产品经理。他的产品团队在工作之余和他相处得很好。在喝啤酒或者吃三明治的时候，李琦是个和蔼可亲的人。不过，在工作中他就变了个人。他能完成任务，但却不惜付出高昂的代价。他切断了与员工之间的人际关系，团队的成果在他眼中永远都不够好。他驱使着下属不间断地每周工作六七天。李琦的口头禅是，“我们必须拿出成绩。”在更换了好几支团队之后，公司最后趁着一次李琦因压力过大而引发心脏病的机会建议他提前退休。李琦缺乏的是健康的联系——无论是与他的团队还是他自己。

2. 投资。

你需要认识并重视每个员工身上独特的强项和观点。在一方面，你要激发人们的特长、天赋和技能，在另一方面，你要帮助他们尽量减少不利因素。当你帮助员工发展、提高他们的效率和生产力时，他们就会感受到你对他们的人性关怀。

投资要求你花时间观察一个人是否有超越当前职位的潜力，让他接受挑战，尝试可能感觉有些难度的任务，并在他建立起信心的同时予以支持。

阿布是我们在活动中见过最优秀的经理之一。作为一家全球会计公司的行政级经理，他在部门里享有慧眼识人的盛名。一位叫高蕾思的员工分享了当她还“只是个秘书”时与布总的遭遇。布总称赞她工作做得很好，而且留意到她对其他行政助理的照顾，帮助他们学习工作内容。接着他就建议她去学习如何培训来自全世界的行政助理。“你想想，”小高说，“我来自于阿肯色州的一个小镇，现在就因为布总看到了我的成绩，居然就能到世界各地去从事我喜爱的工作了。”

在看到小高费时费力地帮助新助理时，有的经理可能会对她大发雷霆，但是阿布却看到了她的潜力，并做出了投资。

3. 协作。

协作可不仅仅是在一起工作这么简单。这是一种态度，让大家感到你参与到群体之中，而不是游离在之外。

在大卫的职业生涯初期，有个叫胡安的同事向他道出了一番逆耳的实话:“在上次跟主管的谈话中，她问到我们的情况，而你一直说，‘我做了这个……我正在做那个。’我知道你是团队领导，但你也不能当我不存在啊。下次能不能说‘我们’？”胡安让大卫认识到，尽管你的职位可能不同，但你的下属是与你共同工作的，而不是为你工作的。

信心、虚心、结果和关系是赢得漂亮的管理人员所必备的基本素质。大多数人所面对的挑战在于，我们自然而然地会在这些元素之中倾向于其中的一项或两项。然而，最优秀的管理者不会止步于此。他们会将信心和虚心结合起来，并且同时关注结果和关系。我们来仔细研究一下这些素质的相互关系吧（参见图 2.1）。

管理者的四种类型

这些内部价值和外部关注点的交织创造出了 4 种类型的管理者。为了更好地理解赢得漂亮的管理人员所秉承的原则，我们先来介绍一下这 4 种管理者的类型：

利用型

不惜一切代价也要赢的管理者，我们称之为利用型，因为他们倾向于将他人视为换取结果所需要的道具。

图 2.1 管理者的 4 种类型

利用型管理者	赢家型管理者
价值：	价值：
信心 > 虚心	信心和虚心
结果 > 关系	结果和关系
关注：	关注：
短期结果	同时关注长期和短期境况
行为：	行为：
事倍功半	高期望
加班加点	健康的工作关系
恶语相向	活动和责任
结果：	结果：
压力	长期的可持续成果
不可持续的离职率	满足感：享受工作和生活
更痛苦	低离职率
受挫	尊重感：人们想要一起工作
感觉像受害者	效力和影响力

玩家型管理者	取悦型管理者
价值:	价值:
自我保护	虚心 > 信心
地位	关系 > 结果
关注:	关注:
短期的生存和地位	日复一日地专注于讨别人欢心
行为:	行为:
操纵	鸵鸟政治
“肮脏”的政治	被动
分裂和征服	不负责任
为了坚持和逃生而耍花招	
结果:	结果:
吸引不健康的员工	压力
有生产力的员工离职	最强的员工离职
	感觉像受害者
	没有成果

价值:

利用型管理者重信心，轻虚心。他们将结果摆在关系的前面。

关注:

利用型管理者专注于短期成果。他们强调把现在的事情做完，未来的事情要来到眼前才会令他们感到担忧。

行为:

利用型管理者容易将他人视为道具，也就是说，这些人的存在就是为了实现成果，这是他们的唯一价值。这些管理者看重结果，会尝试通过恐惧、力量和控制等手段逼迫生产力。最过分的时候他们会说“如果你不喜欢这样，那就走吧”和“凭什么让我说谢谢？这是他们的工作。”他们从不提供适当的鼓励，对于责任也是反复无常，在面对糟糕的业绩而受到打击时常常变得叛逆而暴躁。他们开会往往是单方面的信息灌输，在寻求意见时没有人敢发言。会议结束时也是一片寂静，让管理者误以为大家都默认了。

结果：

员工：利用型管理者创造的工作环境就像是血汗工厂。他们确实拿得出成绩，但付出的代价很高。他们的员工不敢越雷池半步，生怕遭到惩罚。一有机会，人们就会选择跳槽。员工并不想着解决问题或者主动采取行动，而是乐于将这些任务交给管理者去决定。

管理者：既然他们利用恐惧、力量和控制等手段来完成工作，那么就必须花大量的精力监管工人、强迫别人工作，以及替换那些离开的人。他们常常会感到事态失控（因为他们不可能控制住所有东西或者所有人）。这些管理者经常会灰心丧气、感到痛苦、压力重重，并影响生理和心理健康。

取悦型

不做赢的尝试，只想着跟同事建立亲切关系的管理者，我们之所以称之为取悦型，是因为他们把大部分精力都用于想办法讨别人的喜欢。

价值：

取悦型管理者重虚心，轻信心，而且他们的信心都取决于从他人身上感受到的喜爱之情。他们将关系放在结果的前面。

关注：

取悦型管理者只关注短期。他们想尽办法确保眼下能得到他人的喜爱。

行为：

出于对他人欢心的短期关注，取悦型管理者会根据目前没能取悦的对象采取对应的行动。这种行为上的变化会让取悦型管理者给人不可预测的印象。当员工带着疑问找到取悦型管理者时，他往往会尝试去解决。自相矛盾的是，在努力讨好一个人的时候，取悦型管理者可能会在无意识中言语侮辱或者公开羞辱另一个人。等到被羞辱的那名员工找上门来，取悦型管理者常常会道歉，说“我不知道该怎么办”或者“我只是希望大家开心”这样的话。

除非迫于他人压力，否则取悦型管理者很少会担负起什么责任。即使负了责任，他们也常常弄虚作假、效率低下，因为他们其实只想要让另一个人开心而已。就算等到糟糕的业绩摆在面前，取悦型管理者的工作团队和会议都还是一派祥和，充满了欢声笑语和轻松的气氛，然而不会有任何明显的进展或承诺。他们把大量的时间用在鸵鸟政治上。他们会拍其他的管理人员和主管的马屁，试着维系良好的关系，避免为糟糕的业绩负责。

结果：

员工：常见的情况是，这些管理者深受团队大多数人的喜爱，但却受到许多优秀员工无声的鄙夷，后者终究都会跳槽到一个更有生产力、得到的支持更多的环境中去。

管理者：取悦型管理者常常会感到情况失控、束手无策。一方面他们没有显而易见的成果，而另一方面还需要不断地经营好人际关系，这同样会带来相当大的压力，并最终招致破灭（如果他们被追究责任的话）。

玩家型

既没有赢的想法，也没有与同事建立有意义的关系的管理者，我们之所以称之为玩家型，是因为他们对他人或目标都漠不关心，所以把时间都用来玩一场自编自导的游戏，地位和生存是他们唯一的分数。

价值：

玩家型管理者既不重视信心也不重视虚心，对业绩成果或者同事关系也毫无兴趣。

关注：

玩家型管理者关注短期的生存和地位。

行为：

玩家型管理者都是操纵者。他们埋头于肮脏的政治游戏，在对地位的无休止的追求中坑害别人。在他们看来，输赢与组织的业绩无关。他们的会议主题和委派任务的方式通常都有两层含义，在表面意义下面总有着政治上的潜台词。

结果：

员工：玩家型管理者的队伍鱼龙混杂，有马屁精，有其他玩家，也有叛逆者。有生产力的员工都恨不得早点退出。

管理者：在一个不健康的组织中，玩家型管理者可能会生存很久，不断地操纵周围的人陷入一场“谁将会成为最后一个被投票出局的人？”的怪异游戏。玩家型管理者是否感受到压力和不适取决于他或她的内在价值。只要是有一点自尊自爱的人都会对这种生存和工作的方式敬而远之。

赢家型

最后是赢家型管理者。

价值：

赢得漂亮的管理者公平地看待信心和虚心，并且同时关注结果和关系。

关注：

当其他三类管理者倾向于关注短期目标时，赢得漂亮的管理者有着更广阔的眼界。他们会建立一支既能在当下拿出成绩，也能持续到明年的团队。

行为：

赢得漂亮的管理者会与员工构建健康的工作关系。他们在互相扶持的环境中让人们有机会成长，并冒一些适当的风险，从而维持高水准的成果。赢得漂亮的管理者精通提高会议的生产力、委派任务和解决问题的技巧。他们主持的会议从不让人觉得是在浪费时间。这些管理者无论是肩负责任还是邀功庆贺都沉稳而坚持。

结果：

员工：他们的员工往往都很忠诚（常常都是因为升职才离开的），而且有一大票人才想要效力于赢得漂亮的管理者。

管理者：和同事比起来，他们在工作中的总体压力较小，并因为有愿意主动采取行动并解决问题的生产力高、精力充沛的员工而事半功倍。虽然这些管理者的确很努力，但往往能享受工作的乐趣，也有时间享受工作之外的生活。当利用型和取悦型管理者对所处的环境感到失去控制、束手无策时，赢得漂亮的管理者却知道自己有能力改变不利的环境，并且有着强烈的个人责任感和效力。

管理离不开的一个词

结合信心和虚心，并同时关注结果和关系可不是一件易事。实际上，关注差异会简单得多。作为人类，我们常常会用“或”这个词来思考，而不是“与”。这就是为什么在管理阶级中存在这么多利用型和取悦型的人：他们不假思索地不惜一切代价要赢或者讨别人的欢心。

“或”并不能帮助你成为一个好的管理者。实际上，依赖于“或型思维”是导致大部分管理者感到沮丧和痛苦的原因，以至于他们要么选择退出，要么在工作中放弃了人性化。现实世界并非“或”的世界，而是“与”的世界。作为一名管理者，你的成功的基础，即走上“赢得漂亮”之路的秘密，就在于这一个字。你将“与”配合得越好，就越能赢得漂亮并长时间地保持出色的业绩。起决定作用的并不是结果、关系、信心或者虚心。答案在于“与”，你需要将它们包容兼收。

现实世界是个“与”的世界。你将“与”利用得越好，就越能赢得漂亮并长时间地保持出色的业绩。

在我们见过的所有关于信心和虚心的案例中，下面这个最有说服力的故事将很好地总结和阐明“与”的力量。

卡琳在主持一场研讨会时，一个名叫李尔莫的又高又帅、富有自信的塞尔维亚黑人分享了一个令人震惊的故事。李尔莫说，“我从没见过像我老婆罗丽一样在压力重重的时候也能怀着信心和虚心的领袖，她在几年前带领着我齐心协力渡过了难关。”

难关？这个男人的自信溢于言表，很显然是在场最为强大的领导者之一。会议室里的所有人都催促他解释一下。

“我是个彻头彻尾的混蛋。如果你到维基百科上搜索不称职的丈夫，那么一定能看到我的照片。我在好几个月的时间里都是个傻瓜。我知道。她也知道。我万念俱灰，失去了自我。我们身无分文，导致情况变得更加糟糕。可她没有抱怨。她似乎从来没有往心里去。这得多大度的人才能做到啊！她知道在我的身上发生了些什么事情，因此没有为受到牵连而冲我发火，反而鼓足了信心，制订了一份帮助我重新站起来的计划。

“有一天她问我：‘你愿意完全信任我，明天凌晨3点跟我走吗？’

“我的负罪感令我答道，‘当然可以’，但其实我当时连思考的力气都没有了。当她在那天早上喊我起来时，我翻了个身继续睡。她吻了我，说，‘可是你答应过我的。’在她的信心和坚持下，我让她蒙上了我的眼睛——结果她带我去跳伞了，这场冒险是我愿望清单中排在第一位的项目。尽管我们都知道没有这个闲钱，但我还是接受了。

“当感觉自己正在自由落体时，我拉开了绳索，感觉到一股熟悉的快乐逐渐从内心深处膨胀开来。我知道那是谁，我喜欢他。

“那天晚上，我们喝了啤酒。我老婆给我看她拍摄的视频和照片。在播放时她提醒我说，‘这是我爱的男人。这是你真正的样子。你可以这样子。你会重新振作起来的。我爱你。’”

罗丽既关注结果也关注关系：她既想要一个更健康的丈夫，也想要一段更稳健的婚姻。因为虚心，她知道问题并不在她身上，而且丈夫需要有人伸出援手，因为信心，她采取了大胆的行动。

也许你现在领导的团队中就有一个人适用这种慷慨、谦虚而自信的方法。这就是“与”的力量，也是赢得漂亮的管理者的立足之本。信心和虚心与对结果和关系的注重是相应的。当你带着这 4 项品格面对各种各样的情况时，就能极大地提高自己的成功机会，对其他人产生更深刻的影响，并且保护自己的人性不被沮丧、痛苦和冷漠侵蚀。

要点贴士

我们在下面提供了一份简要的评估问卷（参见图 2.2），便于你快速衡量自己在管理上的关注点、价值观和行为，这同时也是一份路线图，教你如何依仗自己的强项来赢得漂亮。只要在每一组描述中将你感觉更为重要的部分选出来就行了。你只需要在每一行里填写 A 或者 B。

图 2.2　赢得漂亮评估问卷

A 和 B 哪一个更重要?		
A		B
临时救火		平常加班
解决问题		提前了解
广为人知		建立地位
获取业绩		提高自信
被员工热爱		实现每日目标
朝长期目标前进		保住眼下的工作
应对与工作相关的压力		轻松愉快
受到尊重		玩好政治游戏

在选完了所有的 8 对描述后，计算一下评估的分数：

选了几个 A：

选了几个灰色底纹的 A：

两个数字的总和：

你应该会得到在 0 到 12 范围内的一个总分。根据下面的结果清单找到你的数字。

结果：

0~2 你现在很可能压力很大，在玩家型管理者的保守和员工的不满之间左右为难。

3　你可能确实尝试过要拿出成绩，但是却遭遇了利用型管理者常见的严重的挫败感。你可能也尝试讨别人喜欢，但效果并不好。

4　（没有灰色底纹的 A）你可能符合取悦型管理者的特征，花了很大的力气讨别人欢心，不断地解决一个又一个的危机。

4 （有两个灰色底纹的 A）你可能是一个以结果为中心的管理者，只要与下属搞好关系、花点心思，就有机会让业绩持续下去。

5　你在管理方面所具备的“赢得漂亮”的本能很可能被埋没在了日复一日的压力和人员的不满情绪中。

6 （有一个灰色底纹的 A）你可能符合取悦型管理者的特征，花了很大的力气讨别人欢心，不断地解决一个又一个的危机，不过对于结果会有所关注。

6 （有三个灰色底纹的 A）你很可能具备“赢得漂亮”的本能，并且关注于结果。

7 你很可能具备“赢得漂亮”的本能，并且关注于关系。

8 你很可能已经很好地运用了“赢得漂亮”的方法，可以轻松地在结果和关系中平衡。

9~12 你很可能已经很好地运用了“赢得漂亮”的方法，并且在日常工作中更强调关系。

这份简短的评估报告只是对你管理风格的简单呈现。如果要对自己的风格有完整的认识，并充分地量身定做适当的策略，可以到 www.WinningWellBook.com 上找到免费的“赢得漂亮工具包”里面的一份完整的在线评估。我们建议你完成这份评估，并在阅读之后的章节的同时用作参考。

第 3 章

4 步让数据变成生产力

“要想在运动中取胜，你就必须激烈地锻炼；但你运动只是为了开心，所以何必这么认真呢？”

——C.S. 刘易斯（C.S.Lewis）

客户并不在乎你在公司内部的评分如何。没有哪个员工能同时照顾到 27 项指标。赢家型管理者会选出几个有意义的指标，鼓励大家采取正确的行为，而且光靠没有实际改进的短期冲刺是难以影响评估结果的。他们知道，分数并不是全部。然而，大部分管理人员并不这么认为，相反地，他们沉溺于数据，用错了方式。

当智能手机发出每小时的评分排名提醒时，莎拉的脸抽搐了一下。

一切尽在不言中。卡琳对这副表情可是深有体会了。从前每当这些提醒响起，她也会陷入狂乱状态。这些排名结果一天要发布 15 次，每次间隔 1 小时，将质量、效率、销售等指标整齐地排列出来，不停地提醒她做得还不够好。而且每经过一两次的疯狂提醒，她的老板通常都会打来一通电话说：“你看到数据了吗？”以免她没注意到。

莎拉打断了卡琳痛苦的回忆。“不好意思，我得把大家叫过来开个会。我们必须在今天之前达到 94 分。”

“你准备传达什么样的关键信息呢？”卡琳问道。

莎拉困惑不解地看着她。“94 分啊。”她说。

当卡琳稍后询问莎拉的团队，成功应该是什么样的，得到的答案也八九不离十。

“94 分。”好吧，至少他们做到了统一。

当大卫还在高中教书的时候，每周都肯定会有个学生找他问，“阿大老师，我该怎么做才能及格啊？”

有的时候这个问题会有些区别：“我怎么才能拿‘优’？”“能给我加分吗？”“如果我拿了‘中’，我爸爸会打死我的！”尽管有着压力和担忧，可是问出这些问题的学生的表现都比不上其他同学。

这些学生与莎拉有一个共同点：他们专注于分数。数字、等级、量化数据，这一切都是我们用来评估事物当前状态的工具。它们让你知道在现场、在教室里，以及在业务上发生了什么。

这些量化数据很重要。一张精心选择了关键绩效指标的平衡得当的计分板可以强化整体战略，并让行为与目标保持一致。我们需要它们，而且无论你喜不喜欢，它们都不会消失。

但是这些评判方式也可能成为许多管理者的陷阱。

假设你去看病，说你的血压高。医生开了一张药方，提醒你改善饮食、加强锻炼。如果你想要健康起来，那么在离开医生的办公室以后应该怎么做呢？

你可能会去药房买药，然后回家。等到家以后，你可能会评估一下家中的食物，接着制订一张包含了全麦、瘦肉和蔬菜的食物清单。你可能会出门走走，开始每日锻炼。

接下来假设你在离开医生的办公室后，首先去了医疗用品商店，买了一副血压计，随后回到家，开始每过 15 分钟就给自己量一次。你的血压依然很高，于是你现在感到压力很大，你觉得必须要有所改善！于是你开始每过 10 分钟就量一次血压，结果只能让血压越来越高。

可能任何一个理智的人都不会这样量血压，不过当情况转移到领导一支业务团队时，我们却总能看到这样的管理人员。他们之所以会把注意力放在分数上，是因为他们弄错了这些数字所代表的真正含义。

你的血压读数并不等于你的血压。这一读数是屏幕上显示的一系列数字，告诉你身体内正在发生些什么。这是健康状态的指标，但并不是健康状态本身。

如果你在执法部门，那么犯罪率就是公共安全的一种指标，但并非公共安全本身。如果你在销售部门，那么每个顾客的平均销售额是你与顾客之间关系的一种指标，但并非关系本身。如果你在客户服务部门，那么你的服务评价就是指标，但并非服务本身。

无论你在公司中采用什么样的评判标准，都必须理解这一点：

量化结果并不等于你做了什么；

量化结果代表了你做了什么。

用数字来推动团队，而不是淹没团队

你可以用下面 4 种方法来有效地运用数据：

1. 认清重点。

你的分数并不是真正的重点。它们的存在是为了帮助你和你的主管做出决定，但分数本身，并不重要。

真正重要的是什么呢？世界上并不存在一个万能的答案。

试想：你的顾客或客户关心的是什么？

客户并不在乎你的团队在公司内部的评分如何。

在团队之外的任何人或者你的经理都不会关心你的排名是多少，你距离目标还差多远，或者你得到的评级如何。

他们只关心他们的结果。例如：

· 他们必须等多久，以及他们的问题能否得到满意的解决？
· 你的产品是否有效，并按照他们的想法满足了需求？
· 当他们使用你的服务时，能否得到预期的效果？
· 他们用起来会感到开心吗？
· 他们能得到帮助吗？

你的团队就是为了实现这些结果而存在的。这些结果，即你为顾客或客户做的事情，才是重点。我们相信，如果专注于最重要的东西，你的成绩也能不同凡响。

2. 认清能产生真正结果的关键行为。

如果你想要降低血压，就应当认清一些关键行为：吃药、合理膳食、锻炼。类似地，也存在一系列核心行为，让你的团队实现成果并长时间的保持下去。

如果你是个非营利性组织的融资主管，那么你的关键行为可能就包括：

· 与捐赠者建立关系。
· 请求他们支持你的事业。
· 通过多种多样有意义的方式来感谢他们。

如果你是个便利店的零售经理，那么你的关键行为可能就包括：

- 保持充足库存。
- 确保商店干净整洁。
- 不要让排队的顾客超过三人。

如果你是客户服务呼叫中心的主管,那么你的关键行为可能就包括:

- 每天召开团队例会，相互通气和交流。
- 接听电话，并提供平衡得当的业绩反馈。
- 帮忙解决最棘手的客诉。

不管做什么业务，总有一些关键行为能推动有意义的结果。你了解自己的关键行为吗？这是一个至关重要的步骤。如果你不清楚什么能推动成功，那么就不太可能赢，更不太可能赢得漂亮了。

3. 强调关键行为（而非分数）。

作为管理者，你要掌控团队的节奏。只要你控制好时间，把每个人都定位在真正重要的事情上面，那么他们就能做好分内的工作。

在掌控团队节奏时，要持续不断地强调关键的行为。“我们要这样做才能成功：我们要做到 A、B 和 C。”你的每一次信息传递——在团队会议中、一对一的会谈中或者电子邮件中——一切都必须在强调这些核心的行为。

在讨论量化指标时，也要结合关键行为来表达。例如，“当我们每天都能做到 A、B 和 C 时，就能进入排行榜的前 10%。我们的收益将足以为客户提供良好的服务。我们将保持 80% 以上的回头率。”

4. 在适当的周期检查分数。

你应该多久检查一次量化指标？答案是：只要足以知晓事态动向即可，不必过于频繁。

换句话说，这取决于你在做什么。我们先来看看两个非商业性的例子：

如果你正在努力降低血压，那么每天检查一次都嫌多了。某一天的读数并不能告诉你什么信息。每个月量一次或许会比较合适，因为这是一种长时间的趋势，对你来说才有意义。

然而，如果你正在高速公路上驾驶一辆敞篷跑车，那么可能就需要不时地瞄一眼时速表，确保自己不会吃罚单。

对于业务而言，合理的准则应该考虑到在实施一项改动时，需要多久时间才能看到结果。如果你今天改了什么，能在一天之内看到结果吗？一周呢？一个月呢？还是要半年？

不同的业务的时间框架是不一样的。通常而言，你希望查看分数的频率足以在发生变化时确认积极的结果或者找出存在的问题，不必过于频繁。

那么这一点为何如此重要呢？

专注于分数为何令你难以成功

分数并不是全局。当过多地关注于分数时，你就出局了，糟糕的事情也会接踵而至。要想改变分数，真正且持久的方式就是不要出局，但也不能成为一个“玩家”。

- 想要更好的血压读数？那就吃药、注意饮食和锻炼。
- 想要更好的数学成绩？那就学习如何解方程，认真做功课。

·想要更好的业绩指标？那就认清能够产生结果的关键行为，然后不断地执行。

我们知道你一定听说过有的公司为了让华尔街满意而特别关注季度收益，并因此推迟在技术、人事或者基础设施方面的关键性的长期投资，而这些投资对于维持增长是必不可少的。换种角度来看：没有哪个教练会说，“尽管我们输掉了比赛，但是在9局里面我们拿下了8局呢！”为了帮助你避开这些陷阱，请注意下面这5条警告：

1. 虚假的竞争感。

如果在喊口号的时候，“我们必须击败老乔的团队！”比“与每个顾客建立真挚的联系！”更加响亮，那么你就已经搞错了重点，让你团队的方向偏离了正轨，而且你的加油打气也会适得其反。这时就得重新部署了。

竞争可以是健康而有生产力的。要为了最好的服务而竞争，要努力提供最好的产品，尽全力提供最好的体验，而不是击败老乔。你的产品、服务或体验才是竞争的主题。

2. 耍花招。

有倾向性地划分选区，请求在作业里加附加分，以及夸大销售数字都是耍花招的例子。耍花招指的是那些虽然改变了分数，但与优秀的表现并没有实际关系的行为。玩家对真实结果并不关心。

有些员工和经理为了在系统中耍花招而展现出来的无所不用其极的创造力实在令人大开眼界。要是他们把同样多的时间用来改进作品的质量，而不是研究各种变通方案的话，那么真不知道能创造出多少记漂亮的全垒打了。

当你全神贯注于量化指标上时，就已经在鼓励这种耍花招的行为了。人们会按照你的吩咐行事，换句话说就是改变分数。于是他们就各显神通了，这不仅浪费时间，而且常常是歪门邪道，连饭碗都可能保不住。

3. 不稳定的业绩。

你不可能每个小时（甚至每天）都针对大部分量化指标采取对策。如果这么做，你可能就会变得反复无常，帮不到什么忙反而弄得人心惶惶。

如果在你的咆哮、尖叫或者超级英雄的作秀中，量化指标得到暂时提高，随后迅速被打回原形，那么你就该后退一步，制订一份一以贯之的行动计划来反复加强各种关键行为。

4. 出乎意料的后果。

如果一首“我搞定了这个，但搞砸了那个”的伤感的乡村歌曲听起来像是在描述你的团队表现的话，那么你很可能是将注意力集中在了一两个数字上，而忘记了与持久业绩紧密相连的改变游戏规则的关键行为。

在各行各业，都有一两项可以改善总体结果的重要行为。记得要尽早并且经常注意它们。它们会成为你的基础。

5. 愚蠢的决定。

虽然哪里都可能有愚蠢的决定，但是当你专注于强行提高结果的短期的孤注一掷时，其破坏力将变得尤其可怕。“当然没问题，我们可以找500个人在10个星期以内拿下这份合同。”这并不是理性的思路。你的决定应该集中在那些能够引导持久的上升趋势和可持续的业绩的活动上。再加上持续不断的改进和对上升趋势的欢迎，而不是针对目前分数的昙花一现的对策。

当员工对于实际的客户体验或者在质量方面所做出的提高更为骄傲，而不是拘泥于 Excel 表格里的数字，那么你就走在赢家的道路上了。在下面这个例子中，员工就因为注重关键行为而提高了自我要求的标准，结果远远超出了评分板的衡量。

卡琳受命帮助一家已经发展壮大并闯入了全新领域的客服中心。该中心的领导知道他们的流程应当更加严格一些，于是就找她来实地研究，帮忙创建一个可扩展的模式。

当她提问说，“你们是如何衡量业绩的？”全场陷入了一段令人尴尬的沉默，随后有人给出了一个糟糕的答案，“严格按照日程安排上下班。”

就算你不是什么客户服务方面的天才，这个时候也该知道，光靠衡量这些客服有没有来上班并不足以保证良好的客户体验。大多数中心都至少会采用“净推荐值”的方法，它衡量的是顾客愿意将公司推荐给朋友的程度。不过这家中心的业务与众不同，做起来也不那么简单。

卡琳降低了期望，改问道，“我可以和几个客服坐下来聊聊吗？”之后的事情才是真正让她大吃一惊的。

她认真地听着这些客服热情洋溢地解释他们的工作流程。

“我的天呐，我爱死这份工作了，我就是等不及想要去帮助顾客。比如说这里有个客人，他觉得一切都没问题，但我看得更深，我知道我们可以帮他做得更好。虽然得多花点力气才能完成我想要的，但这是值得的。”

“啊呀，我每天早上来上班之前，都会到我们以及我们竞争对手的社交网站页面上去看看，在我上次访问之后又发生了什么新鲜事。事物的变化很快，一定要做好充分的准备才能开始工作。”

“我们的工作最好的地方就是没有人给我们设定剧本。我们可以各用各的独特方法，只要遵循基本原则就行了。顾客也很喜欢这样。我们还会互相分享最佳方案。”

接着，卡琳审阅了他们与客户的对话记录。她发现这家公司的评分板形同虚设。这些客服都通过真正地帮助顾客，在记录真实满意度的隐形的评分板上得到了10分。在大型零售卖场的收银员交给你的收据上，总会有一份说“如果你不给我10分我就会被批评”的调查问卷，和上面这种以结果为核心的业绩相比，根本就是天壤之别。

要点贴士

找出你的团队负责实现的最重要的三项成果。接着找出你的顾客或者客户认为后果对他们而言最为重要的三项成果。它们能匹配吗？

1. 你的团队或公司最重要的三项分数或者指标是什么？

2. 你的团队在为顾客或客户实现有意义的成果时必须执行的最核心的三种行为是什么？

3. 说出三种持续不断地让团队将这些行为（而不只是指标）记在心里的方法。

第二部分

用合适的人，实现更重要的结果

在这一部分里，你会得到许多有价值的提示、战术和工具，用来实现想要的成果。这些都是我们在自己的整个职业生涯中运用，并分享给其他的管理人员，帮助他们赢得漂亮的屡试不爽的实践方法。它们会让你的生活更加轻松、提高士气，并让你作为一个自信、谦虚，而且能完成任务的管理人员脱颖而出。

其中包括了你几乎每天都会进行的活动：与人交流、分配工作、做出决定、托付责任，甚至还有将某人踢出团队。如果没有这些基本原则，要想与下属建立真实而健康的关系是很困难的。然而，只要走好了这一步，接下去就是赢得漂亮的康庄大道。

第 4 章

4 步打造实现持久收益的健康关系

“先生们，你们的目的是什么？”

——吉姆·洛威尔船长（Captain Jim Lovell），
《阿波罗 13 号》（*Apollo 13*）

在讨论结果时，我们首先介绍一些具体的方法，让你的团队将更多的注意力集中在最重要的东西上面，从而避免误入歧途，并提高团队的责任感。

当宇宙飞船在飞往月球的中途因爆炸而受损时，阿波罗 13 号计划遭遇了严重的挫折。全世界都在看着这几个宇航员想方设法活着回归地球。如果你看过 1995 年由朗·霍华德（Ron Howard）执导的同名电影，或许会记得由汤姆·汉克斯（Tom Hanks）饰演的吉姆·洛威尔船长对其他宇航员说“先生们，你们的目的是什么？我的目的是回家”的场景。

洛威尔的确说过这句话，只不过当时的环境与电影所演绎的略有差别。他们当时正环绕到月球的背面，准备进行一次点火，为回归地球之旅增加一些动力。这是其他两名宇航员杰克·斯威格特（Jack Swigert）和弗雷德·海斯（Fred Haise）的首次出航，两人都在忙着拍照。洛威尔用这个问题将他们俩拉回任务，并总结说，“如果我们回不了家，那么你们就甭想把照片冲印出来了。”[①]

有的时候，你需要像洛威尔那样将团队拉回正轨。当然了，赢得漂亮的另一个部分就是从一开始就让每一个人找准方向。在最近的一次国际航班上，卡琳碰巧坐在一名叫弗雷德里克·格雷戈里（Frederick Gregory）的宇航员旁边。他是美国国家航空航天局（National Aeronautics and Space Administration）的前任代理主管，领导过国际空间站的国际管理团队。他们聊了关于领导力的话题，以及如何赢得漂亮，卡琳问他靠什么让 14 名来自政治关系微妙的不同国家的领导者合作得如此成功。他说：

“简而言之就是让每一个人专注于共同的目标。一旦我们认识到我们拥有一个相同的大目标，就能避免因为各自对目标的实现方法有不同的观念而分散精力。我们学着接受一些共同赞成的方法，并对能实现共同愿景的其他方法抱持开放态度。”

格雷戈里讲述了一个例子，“为了得到俄罗斯人的尊重，我们首先必须证明自己可以抵挡得住伏特加的攻势。在成功度过了一个伏特加的夜晚后，我们就可以抛开酒精，着手工作了。”

每个管理人员都会为脱离正轨或者各自为政的下属而伤透脑筋。失去人性的管理者会对他的团队感到灰心丧气，批评他们注意力不集中，甚至会惩罚他们。然而，就像阿波罗 13 号计划中的洛威尔一样，赢得漂亮的管理人员能够引领团队回到任务之中，并将他们的注意力保持在结果上。他们是怎么做到的呢？

---

① 吉姆·洛威尔和杰弗里·克鲁格（Jeffrey Kluger），*Lost Moon: The Perilous Voyage of Apollo 13*（纽约霍顿·米夫林出版公司，1994 年出版），第 240 页。

用真正的人实现真正的结果

为了让团队专注于结果，你首先要改变自己的思维。赢得漂亮的管理人员明白，每个人都会分心。许多管理者在面对这一事实时表现得很失望：“稍等一下——这些人的工资这么高，就应该全力以赴。我当然应该对他们这样要求。”

我们先简单地聊聊这一点。尽管那些宇航员的生命危在旦夕，可是窗外的美景却又是那么不可抗拒。即使在极端不利的环境下，人们也可能优先考虑那些不那么紧急的事情。

你现在已经读到了本书的第 4 章了。你在阅读过程中分心过吗？你被打断过多少次？你有没有认认真真地回答每一个“赢得漂亮行动计划”的问题？你现在肯定要把书放下，重新集中精力了吧。和你一样，你的团队每天也会面对许多令他们分心的事情。按照下面这 4 个步骤，你可以帮他们减少分心的机会，并建立起坚实的基础，实现持久的结果和健康的关系。

1. 设定清晰的期望。

我们发现，在管理人员碰到的业绩低迷的问题中，大约 90% 都是由于这一步骤执行得不充分而造成的。无论你对自己的期望多么清楚，你的下属都很可能还云里雾里。当期望模糊不清时，你的团队就会失去目标，将精力放在其他对他们而言更有意义的活动中去。当然了，当他们看上去像是在偷懒时，你自然会被激怒。你的怒火会令员工感到不爽，他们会觉得你不体谅他们工作的辛苦。于是就产生了恶性循环。

清晰并自信地传达你的期望，以及需要完成的时间。在第 5 章和第 9 章中，我们会更详细地描述如何在会议中和在分配工作时做到这一点。与此同时，你可以使用下面这个快捷而有效的工具，准确地了解你的下属是否理解了你的期望。

在结束讨论或者传达指示时，一定要确认大家都理解了以后才能离席。你可以使用下面这些问题：

“在散会之前，小乔，你能不能讲讲你对期望的理解？”

“小乔，你能告诉我刚才讨论了些什么吗？”

“我们来回顾一下接下来该做的事情。我们从今天开始要采取哪三个步骤？”

“讨论得不错。小乔，你能说说我们在现在和将来都要做些什么吗？”

你的目标是让下属对步骤、方针、共识、行动或期望有一个统一的理解。除非他们说出来，不然你无法确定他们是否理解了。

除非他们说出来，不然你无法确定他们是否理解了。

小戴是个区域经理，她要带大区总裁史总去视察一家分销机构。由于这是史总第一次到她的大区里视察，所以她需要将这次行程安排得完美无缺。

视察进行得很顺利，史总提出了不少出色的建议。小戴事后询问了参加会议的本地管理团队，他们是否理解史总的建议。他们说理解了，于是小戴就让他们拿出一份行动计划来。她会安排一次电话会议，在下周进行评审，随后再发送给总裁。

一周过去了，管理团队接入了电话会议，小戴请他们跟她过一遍计划。电话的另一头陷入了彻底的沉默。最后，他们道出了真相：这些管理人员以为大家会在电话会议上一起拟定这份计划。他们啥都没干，白白浪费了一周的时间。小戴只好分配额外的资源将这件事情迅速搞定。尽管这支团队的能力没有问题，但却没有理解小戴的要求。

问题就出在她没有检查别人是否理解。光是问“你们理解了吗？”并没有用。要让你的下属将期望复述出来。当你在确认大家的理解时，手下的人可能复述出了其中两项行动内容，但遗漏了第三项。这时你就可以提醒他们。也可能他们复述了所有的三项内容，但细节有问题。你越能提早发现大家对期望的误解，就越能快速地做出澄清，并让所有人摆正前进的方向。

2. 训练和帮助下属满足期望。

在模糊的期望之后，下一个陷阱就是理所当然地认为每一个人都有足够的知识或技能来满足期望。你需要确保团队成员做好了取得成功的准备工作。

大卫曾经与一家技术公司合作，那些聪明的工程师正在创造广泛用于全球范围的尖端科技。随着公司的成长，它遇到了交流的问题、交付时间的延误，以及管理人员对下属的不满加上员工之间的互不认账所造成的频繁冲突。

大多数问题的根源都在于：工程师并没有正确地使用日程安排软件。对于这些才华出众、聪明绝顶的工程师，管理人员都以为不需要培训他们如何使用这些软件了。然而，半数工程师对该软件中的一个按钮都不知所以，于是他们因而错过了会议、错过了最后期限，最终点燃了怒火。

一定要帮助大家满足期望，合理的培训不可或缺。

3. 巩固期望。

优秀的管理人员会持续不断地巩固期望，让优先事项以及背后的原因清晰地呈现在团队的面前，并提醒他们该朝什么方向前进。在睁开眼睛之后，你的大脑每秒都会接收到1100万位的信息。[①]既然你的团队要消化这么多信息，那么多说几次也是很正常的事情了。你有必要至少每28天重复提醒一次主要战略方向、目标和关键的优先事项。

如果将你的员工比作一支摇滚乐队，那么巩固期望就像是控制曲子节奏，让所有人合拍的鼓点或者低音线。你需要一组持久、稳定、整齐的节拍才能让大家全神贯注。

4. 用庆祝和问责来总结。

你已经精心确保了期望的清晰，让大家都具备满足期望所需的技能和工具，也让每个人的关注点持久地集中了起来。下一步就是通过庆祝和问责来维持这股动力。

如果你没有为成功而庆祝或者为失败而问责，那么团队的士气就可能轻而易举地跌落。你可以将庆祝和问责视为期望的回路中的最后部分，这是让回路闭合的反馈，也令你的团队更容易将注意力保持在最重要的事情上面。

如果结果的回路没有得到反馈的闭合，那么你其实就等于在告诉团队，他们的工作无关紧要。他们做对了也没什么影响，做错了也没什么影响。当任何一类结果通常都得不到什么反响时，人们就会问，“这有什么关系呢？”于是就撒手不管或者视若无睹了。

庆祝可以很简单，比如把你的团队召集起来，在内部宣布他们做得很好。在第20章，我们会提供更多的招数来庆祝和鼓励你的团队。

---

① 《大英百科全书在线》（*Encyclopaedia Britannica Online*），“信息理论”（Information Theory）章节，由乔治·马考斯基（George Markowsky）编辑，访问于2015年6月15日，http://www.britannica.com/EBchecked/topic/287907/information-theory/214958/Physiology。

对目前而言，你只要在庆祝时确保给出对他们而言具体且有意义的反馈，并且与工作和结果息息相关就行了。你得到的回报将比你的鼓励和庆祝多得多。

“问责”这个词并不是说“当有人表现不佳时痛打一顿”。这里的“问责”指的是“遵守我们互相之间的约定”。当无法遵守约定或者兑现承诺时，我们就需要商量一下。在第7章，我们会分享一些工具来妥善处理。而在另一方面，有时你只需要呼吁大家关注这个问题就行了。你可以说，“我们说好要完成这事，但结果并没有。这是怎么回事，我们该如何搞定它？”

记住，你的员工也是人，人非圣贤，谁都可能会忘记将注意力放在结果上。你的工作就是凭借明确的期望、满足期望的培训、对期望的不断巩固，以及问责和庆祝，来帮助他们对结果保持合理的关注度。

要点贴士

当你遇到管理上的难题时，请务必首先问问下面这些问题：

1. 所有人是否都明确了期望？让你的团队分享他们对期望的理解，看看是否正确。你可以访问《深度管理》的网站 www.WinningWellBook.com 下载一份相关的问卷。

2. 你的团队是否具备成功所需的技能和工具？（不要瞎猜，直接问他们。）

3. 你是否持续不断地在巩固期望？是不是已经超过 28 天没有重申过了？

4. 你是否持续不断地在庆祝和追责？你上次真诚地说出“祝贺你”或者“我们需要改进”是什么时候的事了？

第 5 章

推动成果的会议公式

“两个人格的会面就像是两种化学物质的接触：只要发生任何反应，那么双方都会发生变化。”

——卡尔·荣格（Carl Jung）

在商业世界里从不缺少糟糕的会议，而且这种现象是很自然的。许多会议根本就是浪费时间，无法完成任何事情。时间嘀嗒嘀嗒地走着，会议主席一点点地浪费每个人的时间，大家进行着解决不了任何问题的毫无意义的讨论，所有人都感到不耐烦，觉得自己的时间应该用在更有生产力的事情上面。当你无法妥善主持会议时，不仅会议的成果会大打折扣，就连你的威信也会受损。在本章中，你会学习到一些具体的方法，让你主持的会议效率和生产力更高，让结果和关系得到改善。

即使我们都喜欢抱怨开会，但如果不把大家召集起来（不管是面对面、线上还是电话会议）做出决策和采取行动，就不可能实现成果。就算你是世界闻名的技术最熟练、能力最强的外科医师、工程师、客户服务代表、财务经理、护士或者销售，如果主持不了会议的话也会失去威信。

电话会议也可能类似地令人麻木、浪费时间。出于各种各样的原因，我们认为电话会议可以节约时间。事实上，就是因为这种想法，让许多管理人员成天忙着打电话，却不肯花多少时间与团队交流。为了将一件小事搞定，他们就会将电话调成静音，尝试在这段时间内完成真正的工作，但也因此难以集中注意力。

你的会议是什么样的呢？回忆一下你最近张罗的面对面、在线或者电话会议。你的支持者多还是批评者多呢？这些人在走出会议室的时候都会说些什么呢？

支持者

- “这次会议的主题和议程很明确。”
- “所有该来的人都来了。”
- “每个人都出了力。”
- “我们的讨论始终切合主题。”
- “我们做出了许多决定。”
- “我知道自己下一步该怎么做了。”

批评者

- “这完全就是单方面的信息灌输。”
- “我不太清楚这次会议是在说什么。”
- “该来的人没来。”
- “我们偏题了。”
- “我们没做出任何决定。”
- “我们就是来给老板捧场的。”

如果你觉得听到的话更多地来自于批评者的列表，那么是时候让你的会议变得更有生产力、更有意义、更吸引大家来参加了。

我们从大家讨厌开会的最重要的原因之一入手。开会会浪费我们最重要的资源：时间。

不要浪费我的时间

优秀的管理人员会将每个人的时间视为珍贵的资源。当你重视别人的时间，就是对他人的莫大尊重。与此相反，当你毫无顾忌地拖延会议结束或推迟会议开始的时间，或者召开一场根本没有必要的会议，就等于是不尊重别人。

要让会议对你和你的团队有意义，第一件事情就是只有当这场会议能够最有价值地利用所有参与者的时间时才决定召开。如果员工可以做更有价值的事情，而且这件事可以对团队和你尝试实现的成果产生更加直接的贡献，那么你还有什么理由让他们到你的会议里降低生产力呢？

那么，你要如何确保召开的会议能有效利用时间呢？首先是目的。你主持的每一场会议都应该完成两个耳熟能详的目标：建立关系和实现结果。

团队需要信任，而信任只能通过一起共事的时间来积累，通过解决问题、做出决定，以及学习每一个人处理事情、看待世界和分享信息的方式。除了通过一起共事与解决问题来建立的联系，你还可以引入一些能够培养关系的定期会话，例如：

· 关于解决问题或庆祝的交流：例如，“到底是什么在阻碍大家使用我们的新系统？”或者“在最近一个月里你在哪位成员的身上看到了什么做得好的地方？”

· 正视问题的会话：例如，“上次有什么内容我们应该谈却没有谈到的吗？”

· 互相帮助的会话：例如，“我们聊聊该如何与其他部门合作。哪方面做得比较好？哪方面还有待提高？”让大家有机会互相分享和帮助。

这些会话虽然可能非常简短，但却是促成积极的关系和成果的丰富来源，让你的团队能学着相互信任和相互帮助。

你的会议还应该推动你的小组、团队和组织的使命向前迈进。简而言之，会议应该产生行动。你们聚在一起应该解决问题、做出决定或者分享信息，而在会议结束时，就应该做些实事了。如果你的会议最后并没有得出什么明确的行动，那么你就浪费了大家的时间。

我们并不是说永远不要开会。优秀的团队都经常开会。你需要确保的是你主持的会议切实有效，并且最有效地利用了每个参与者的时间。当你将每一场会议的重点都集中在建立关系和实现结果上时，就能做到这一点。如果你的会议无法建立关系，也不能让组织的使命得到进步，那么还不如不开。

邀请合适的人参加会议

为什么要参加会议？你要做的是召集尽可能少的相关者，同时又能够让你做出最佳的决定。将会议中的人数当作一个连续统。在这个连续统的一端，你只要自己一个人就可以开会了。尽管听起来有点可笑，但你完全可以自己坐在会议室里，仔细研究自己所知的情况，做出决定，然后将这个决定分享给其余所有人。

而在连续统的另一端，你可以召集每一个人来开会，将整个组织的人都叫上。如果你有一个 50 人的组织，那么所有这 50 个人都得参加，这就已经很难控制了，要是你在一家 1 万人的组织里工作，那么这种做法根本就是无稽之谈。那么问题就来了：最少需要几个人参加，也依然能让你从与决定相关的人那里得到良好的、多样的和有内容的输入呢？

大多数领导者做出的一项错误决定就是邀请了太多拥有相同观点的人参加会议，而没有邀请拥有不同观点的关键代表人物，如果能得到后者的输入，他们做出的决定可能会更好。

对生意而言，如果两个人意见一致，

那么其中一个人就是不必要的。

——小威廉·里格利（William Wrigley Jr.）

记住，开会的目的是采取行动。如果你要让大家从正常的工作中抽身出来，那么一定是因为大家聚在一起所做出的决定要比你自己做出的更好。如果你没有将必要的人邀请到会议中，那么就是在浪费每一个人的时间。

我们为什么坐在这里？

接着，你需要明确自己召开的是个什么类型的会议。虽然会议的类型多种多样，但我们在这里会集中讨论最常见的两种。

第一类是信息型会议。它们是用于交换信息的简短会议。信息型会议的关键是信息的交换（而不只是信息的单向灌输）。把大家叫到一起的原因并不是为了让你一个人方便。记住，这种会议同样应该最有价值地利用大家的时间。如果大家能开诚布公地交换意见，有提出疑问的机会，人人都参与到围绕信息展开的互动中，并且会议简短扼要的话，你就能促成一场高效的会议。

第二类会议的目的是做出决定和采取行动。大多数会议都应该属于这一类别。它们的时长短则 15 分钟，长则两个小时，并且拥有具体的要完成的决议或者要解决的问题（问题其实也是一种特定类型的决议）。在 *Death by Meeting* 中，作者帕特·兰西奥尼（Pat Lencioni）认为，一场好的会议的核心就是“戏剧”——即存在某种值得讨论的冲突。[①]

让会议对你和你的团队起到帮助作用的关键就是，你得非常清楚召开了什么类型的会议。当你将信息交换与决策制订混为一谈时，就会让每一个人失去方向。如果你想要解决具体问题，那就别让某个团队成员将会议变成她最近项目的介绍会，除非这能帮助团队更好地解决眼前的问题。在主持会议时，始终将注意力集中在具体的目标上。

到目前为止，你已经保证了会议的目标不会脱离建立关系和实现结果，将与会人数降到能够产生最佳成果的最低程度，并且也清楚地了解安排的是什么类型的会议。下面就该确保这些制订决策的会议能有所成果了。

赢得漂亮的会议公式

你是不是经常碰到这样的事？你去参加一场会议，经过一番热烈的讨论、认真对比各种方案，得出了一项很棒的行动计划。离开会议室时大家都像打了鸡血一样。之后过了6个星期，你们又回到这里开会了。当所有人走进来坐好以后，各个都面面相觑。

“上次我们讨论的那事你做了吗？”

“没有，你呢？”

在摇了摇脑袋之后，你发现上次大家讨论的伟大想法已经夭折了。

之前那场会议、那些讨论，以及这次新的会议，这一切都是在浪费时间，因为什么事情都没有发生。实际上，这比没有发生任何事情还要糟糕，因为你们现在产生了负面能量，感觉“我们讨论什么都毫

---

① 帕特·兰西奥尼，*Death by Meeting*（旧金山Jossey-Bass出版社，2004年出版），第226页。

无意义，因为这无法改变任何东西”。

这种消磨意志的萎靡感会抽走大家的动力，最后你的团队里就只剩下一群成天敷衍了事的僵尸，失去了工作的意义或目标。我们合作过的每一个管理人员都经历过这种由于完成决策之后缺乏后续动作而带来的失落感。这种情况甚至可能发生在一支水准高、精力旺，并且认真对待工作的团队身上。

你主持的每一次会议都应该产生一些活动，来推动结果前进、培养动力，并通过健康的关系增长士气。只要利用好每次会议最后的 5 到 10 分钟，你就能做到这一切了。

我们首先从思维方式说起。我们建议你将会议当成制造承诺的机器。换句话说，你每次召开的做出决定或解决问题的会议的成果都应该是制造承诺。你让合适的人聚在一起，讨论问题，然后你做出决定，再让大家承诺做些什么事情。好的会议的结果就是对活动的承诺。你要通过下面三个问题来建立这种承诺。

承诺 1：谁来做什么事情？

在有人真正动手之前，你做出的决定不会改变任何东西。只要没有动手，那就只是个美丽的想法而已。

这里面其实包含了两个问题：

要完成什么事情？

谁来完成？

我们喜欢将它们合并成一个问题，原因在于这样可以明确任务的归属。每个任务都必须有一个完成它的具体的责任人。对于较小的决定，可能这个问题的答案只限于一两个人。而对于较大的、战略性的计划，你可能会得出一份完整的工作计划，罗列出数十项任务和对应的责任人。

承诺 2：在何时之前？

这个问题简单直接。人们同意在哪个时间点之前完成任务？当我们将这些最后期限公开呈现在所有人面前时，大家就更容易按时完工。

承诺 3：我们如何确认？

巴布罗耸耸肩，“林达，我已经更新状态了。我不知道你在生什么气。”

林达的团队决定要发出一款新的产品，其中涉及多个活动部件。他们已经清晰地回答了前两个问题：谁来做什么事情和在何时之前。在大多数情况下，每个人都恪守承诺，然而他们还是没能赶上交付日期。

当林达调查问题原因时，发现虽然每个人都完成了他们承诺的内容，但是依然存在一些疏漏。林达和其他的团队成员在其他人完成自己的零件之前都无法采取下一步动作。巴布罗虽然完成了自己的零件，但从来没告诉别人。他接着去做别的事情了，勤奋地将自己的待办事项一个一个地划掉，然而与此同时，项目总体却处于停摆状态。

在大型项目中，你可能拥有项目经理或者项目管理工具来确保此类环环相扣的交流不出现问题，那么在相对平常的日常会议中又如何呢？谁该负责这些工作？

“我们如何确认？”就是让你的会议从美好的意愿变为现实的变化的秘密配方。这也是管理人员最常忽视的一个问题。“我们如何确认？”可以将意愿与行动连接成一个完整的圆，让你无须每天花个把小时跟踪每一个行动步骤，也能为团队创造动力。你只要搞清楚：当有人完成一项任务时，他接下来该做什么？

- 他是否需要将结果传递给另一个人或小组？
- 他是否应该提醒团队，让大家知道？

· 他是否需要为自己的发现做一份演示说明？

· 他是否需要在公开场合或软件中报告完成状态？

具体的答案取决于任务和项目的不同。重点在于在决策中将责任和下一步计划也制订好。每个人都知道他或她有责任做什么事情，团队知道任务是否已经完成，没有人会为了必要的信息而望穿秋水。

总结这些承诺：谁来做什么事情？在何时之前，我们如何确认？你就得到了赢得漂亮的会议公式，在每次会议的最后 5 到 10 分钟里得到明确的信息、责任的树立和结果的期望。事实上，不管你在职位上是不是团队的领袖，都可以提出这些问题。这会很好地帮助你成为一个典型的有实绩的领导者，因为当你能促成明确的信息、责任的树立和结果的期望时，大家都会看在眼里。不要因为这些问题看似简单而不屑于运用它们。我们已经见过数以千计的管理人员因为无法在每次会议的尾声保证这些信息的明确而陷入困境和遭遇挫折。这是让会议能实现成果的最重要的 5 分钟。

要点贴士

在安排下一次会议之前，考虑一下：

1. 对受邀参加这次会议的人来说，他们的时间是否得到了最有效的利用？

2. 这次会议能否建立关系并实现结果？

3. 这是一场什么类型的会议（信息交换、做出决定还是解决问题）？

4. 你是否在会议的尾声制订计划，完成了赢得漂亮的会议公式：谁来做什么事情？在何时之前？以及我们如何确认？

第6章

完美决策的两项关键

“你表现出来的丰富智慧令我大感振奋，你能顾虑到后果，有理有据地选择道路，而不仅凭着一腔热血。”

——黛博拉·莱特福特（Deborah Lightfoot），*The Wysard*

接下来我们进入制订决策这个重要的话题。赢得漂亮的管理人员都很清楚该如何制订决策，以及需要谁参与进来，只要有机会就宁可让更多的人加入。

“这太愚蠢了——你询问了我的意见，然后又当耳边风。我不知道自己何必这么认真！从现在开始，我不会再说一个字，再也不管闲事了。”

我们和我们合作过的每一个管理人员都听过这样的话。你甚至可能就是说出这话的那个人。这种烦躁和愤怒反映出了决策制订过程的失败，而它影响的绝不仅仅是某一个气鼓鼓的员工。在这一章中，我们会告诉你这种情况发生的原因和解决的办法。

应对人类天性

许多管理者都陷入了一场与人类天性对抗的毫无希望的战争中，因此苦于挫败感、痛苦感和控制不住自己的脾气，但归根结底这都是因为他们忘记了，大家需要参与到关于努力的方向、努力的原因和努力的方法的讨论中。

其实，当人们清楚地了解了需要做什么、做出决定的原因，并且对决策的制订出过一份力时，大多数人都会支持这样的决定。这并不是说他们一定就喜欢这个决定。他们都是成年人，并不会奢求每一项决定都顺从自己的心意。他们只不过想知道，他们的信息、价值和观点得到了参考。

当你利用人类天性，而不是跟它对着干时，肯定能更加顺利。这样做在很多方面都省时省力，并且持续性更强，也就是说，你可能坚持好几年都不会陷入僵局。

就像你在第 5 章中所看到的那样，最常见的会议类型之一就是制订决策的会议。如果你想让你的团队获胜，那么就必须培养他们制订决策的能力。然而，在我们合作过的公司中，不管是全球性的跨国企业还是区区 4 个人的初创公司，也不管是硬件工程还是非营利性的人类服务等行业，都能看到糟糕的决策制订导致管理人员灰心丧气、员工参与度低下，甚至整个组织功能紊乱的悲剧。

如果人们背离了决定，那么将带来无法挽回的后果。因此你需要他们提供输入，确保做出最佳的决定，让他们支持你实现它。根据我们的经验，大部分管理学培训都忽视了这一技巧。这实在是太可惜了，因为只要在会议的检查清单中加入几项关键步骤，你就能让自己避免浪费好几周甚至好几个月的时间，也不会因此感到沮丧无助，并与此同时提高员工的参与度。事实上，你只需要在讨论的开始介绍两项关键信息就够了：

1. 这是一种什么类型的决策？

2. 谁是决策的制订者？

这是一种什么类型的决策?

要制订出众人支持的决策，第一步就是每次只做出一项决定，并且将讨论的范围限制在这一决定上。我们见过许多团队把好几个小时，甚至好几周的时间浪费在争论错误的内容上面。其他的每一件事情都要么更适合个别讨论（例如，某个人处理项目的方式或者他准备参加什么培训），要么根本就谈不上是讨论（例如，私下里商量当别人令你失望之后如何调解关系）。这里的好消息是，我们只需要制订两种类型的商业决策。

第一类是关于目标的决策：我们努力的方向是什么？例如，一所宇航局可能要讨论是该殖民月球、探访火星，还是待在家里管好地球。虽然“我们努力的方向是什么？”这个问题可能有多种形式，但是它的主题始终都是团队的目标、终点或结果。该问题的其他表达方法有“我们需要实现什么样的结果？”或者“什么才算是成功？”

你首先得清晰地定义什么是成功才能说明如何实现。在讨论如何做到之前你先得明确方向。

第二类讨论是：我们得如何做到？这是关于方法的讨论。

比如说，如果制订了探访火星的决策，那么“我们得如何做到？”可能就是要讨论用私人的还是政府的飞行器。或者这是一趟单程还是往返的旅行。

你需要将“我们努力的方向是什么”和“我们得如何做到”的讨论区分开来。如果将这两种讨论混为一谈，那么管理人员就会遇到麻烦。团队一开始在讨论应该前往月球、前往火星还是留守地球，过了 30 分钟他们开始讨论私募和公募的利弊，然后过了一会儿他们又开始争论登月的降落点。由于问题不够明确，这样的讨论令人迷茫、困惑并且费时。

谁是决策的制订者？

我们回头看看本章开始提到的那个气呼呼的员工："这太愚蠢了——你询问了我的意见，然后又当耳边风。我不知道自己何必这么认真！从现在开始，我不会再说一个字，再也不管闲事了。"

如果你听过或者自己说过这种话，那么就已经体验过管理者常犯的第二种决策制订的错误了：没有明确决策的制订者。

每个人都讨厌被人忽视。不幸的是，当你询问意见而又让人觉得你不当回事时，员工就会感到沮丧无力、遭到贬低。与之相反，当你明确了决策的制订者以及实现的方法后，大家就能稳步地做出贡献，也更容易为结果负责。

这并没有什么困难的，因为决策的制订只有 4 种方式：

1. 一个人制订决策。

一般而言，这个人会是管理者或者他所指派的某个人。在这种类型的决策制订中，你可能会请团队提些意见，并告诉他们，在听取了每一个人的观点后，你将会做出决定。

2. 一群人通过投票制订决策。

虽然这可能变成 51%：49% 或者 2：1 的局面，但不管怎么样，这好歹是通过投票来决定的。在这种情况下，你会请每一个人提供意见，并且大家都知道，到了某个时刻将会通过投票的方式来做出决定。

3. 一支团队通过统一意见制订决策。

人们常常误解统一意见的含义。统一意见的决策制订意味着，在每一个人都认同决策之前，大家都要一直讨论下去。这并不是说每个人都能实现他或她的第一选择，而是每个人都能够接受最终的决定。统一意见的决策制订可能会花更多的时间，并且往往能增强每个人对最终决定的所有感。

4. 认命。

你可以抛硬币、掷骰子、抽签……这虽然有点迷信，但别无选择的时候，不妨求其所好。有的时候，抛硬币是效率最高的决策制订方法。当时间宝贵、风险很低，而且利弊双方基本平衡时，随便选择一个先试试看往往会更好。例如，如果你有 45 分钟的团队聚餐时间，那么就不可能花 30 分钟来讨论吃什么。挑出几个地方，抛个硬币，然后出发吧。

尽管每种决策方式都有它的优点，然而最重要的还是要明确决策的制订者。

当这个人说“你询问了我的意见，然后又当耳边风。我不知道自己何必这么认真！”的时候，他是以为团队会通过投票或者统一意见的方式来决策，结果实际情况是被领导者一手包办了。这种类型的误解会浪费大量宝贵的时间和精力，还会打击团队的士气。

在开始讨论之前，先明确决策的制订方式。如果你提出要投票，后来又不满意投票的走向而变回了“听我的”，那么你这就是在搬起石头砸自己的脚（更别提这么做有失公正、剥夺权力而且卑鄙无耻了）。

在开始讨论之前，先明确决策的制订者和制订的方式。

要说清楚。例如，你可以在开始讨论制订决策时说，“好了，我想用接下来的 40 分钟时间听听每一个人的意见，然后由我来拿主意。”或者，你可以在描述需要制订的决策时说，“在每个人都接受之前，我们会一直讨论下去。”

你甚至可以将多种方法组合起来，说，“我们准备花30分钟来讨论。如果到时候能够达成一致，那就最好了。不然的话，我们再讨论15分钟。如果到时候还不能达成一致，那么我会最后听取一轮意见，然后我来选择，或者我们投票。”

当每个人都预先了解决策的制订方式时，你就不会碰到那些痛苦、误解和伤感情的事了。你也增强了大家的影响力，因为如果他们明白决策的制订者是谁，就知道该如何分享各自的信息了。他们需要说服的是某一个决策制订者、大多数人，还是整支团队呢？他们可以选择关联性最大的信息和论据。

要点贴士

考虑一下接下来你要与员工一起制订的决策。

1. 这会是个什么类型的决定：努力的方向是什么，以及要如何做到？

2. 谁是决策的制订者：你、团队通过投票方式，还是团队通过统一意见？

3. 在制订决策时，利用赢得漂亮的会议公式来明确谁要做什么，在何时之前，以及你如何确认。

考虑一下当你参与决策制订，但并不是会议主持者的情况。

1. 你能清楚地说明团队要制订的决策类型吗？如果不能，那么你可以通过什么方式来确认？

2. 决策的制订者是否明确？如果不明确，你具体能做些什么来确认？

第7章

I-N-S-P-I-R-E：让员工主动向自己问责

“自由之人的毅力和脊梁从不会因为仁慈而被削弱和软化。并不是只有冷酷无情才能让国家强大起来。”

——富兰克林·D. 罗斯福（Franklin D. Roosevelt）

你是否曾经因为害怕员工辞职而不愿追究他们的责任？或者害怕得罪别人而眼睁睁地看着某个业绩问题逐渐恶化？在这一章中，我们会聊一聊这一极具挑战性的话题：如何在与人为善的同时让别人负起责任来。

在打开一位志愿者刚刚提交的皱巴巴的洋葱皮纸时，大卫就发现自己陷入了两难的境地。他正在领导一支志愿者队伍，他们致力于帮助贫困儿童。其中一位叫乔安的志愿者是个退休的英语教师。她写的一封信引起了大卫的注意。

“大卫，感谢你提供这个志愿活动的机会；不过，我想要重新评估自己在你的学校里能否提供有价值的服务。”

大卫掉进了一个常见的管理学陷阱。由于担心失去人手，他丧失了打造健康团队的机会。问题在于，当你放任期望落空，当你容忍业绩低迷，当你允许恶习陋习时，你就是在告诉其他人，你并不在乎。对偷懒的人睁一只眼闭一只眼会降低你的威信，导致最出色的队员义无反顾地退出，并让团队里剩下的人失去认真的理由。表现优秀的人最讨厌的事情莫过于眼睁睁地看着表现差劲、负能量满满的队员拖他们的后腿。

这就是乔安想表达的意思：不要浪费我的时间或者我的工作。容忍糟糕的业绩会产生一股吞噬士气的死亡螺旋，让英雄倒戈成为你的绊脚石。

于是大家上班的时候就会闲聊到这两个不做实事的家伙，一个是那个表现差劲的家伙，另一个就是你。你越是纵容这样的不作为继续下去，团队中的其他人就更会不把你当回事，要么也加入不作为的队伍，要么就出走到努力能得到回报的地方去。这股死亡螺旋会不断加速、浪费时间，并将团队中的活力都抽走。

还记得在第 4 章中，我们对问责的定义并不是当有人表现不佳时把他痛打一顿，而是互相之间信守承诺。这是双向的：赢得漂亮的管理者鼓励员工为自己的承诺负责。而赢得漂亮的责任思维会在有如激光般的专注中带来结果和关系。

现实情况是很可惜的，全世界的团队领袖每天都在对偷懒的行为视若无睹，放任自流。你需要避开这些陷阱。

团队领袖为什么会纵容糟糕的表现

下面这则勇气测试会看看你的态度是否强硬，以及对员工的糟糕表现的容忍度。看看其中是否有看起来很眼熟的错误。

1. 模糊的期望。

你并没有履行职责，清晰地定义什么是成功。当业绩不佳的人令你恼火时，你也会令他们恼火，于是你就选择了放弃，让事情得不到任何变化。你应该从基础开始。回顾第 4 章的内容，明确你的期望。如果你和员工之间不能对应该做到的事情达成相互的承诺，那么就不可能形成责任感。

2. 罪恶感。

你担心自己没有为员工提供足够的支持、发展、鼓励、赞赏、授权或者认可。如果事实确实如此，那么你的担心是应该的——你得多花点心思。但是如果你已经对员工进行了足够的投资、一而再地投资，却依然没有改进的话，就该承认这个事实了：这名员工可能并不适合这份工作。抛开你的罪恶感。你需要为公司、为团队，也是为了个人的更重要的利益做出正确的选择。

3. 虚假的士气。

我们看到过许多（主要是取悦型的）管理者想方设法地建立高涨的士气，但实际结果却南辕北辙。如果每个人做的每一件事都“很棒”，那么那些真正全情投入的人就会失去动力。当我们抓出害群之马的时候，其他团队成员因此感谢我们的例子实在是数不胜数。当然了，这种事情是私下进行的，不过你的团队知道的事情可远远超出你的想象。

4. 保留面子。

是你把那人招进来的。也许你甚至努力说服了老板，说他“当仁不让”。如果你已经尽了一切改进的方法，却还是没有起色，那么承认错误、吸取经验、继续前进会是一个更好的选择。不要为了一个错误的决定而犯下更大的错误。

5. 恐惧。

你害怕了。你不确定该如何处理这种情况。指出害群之马或者将某人踢出团队有时是最为困难的事情。这固然不易，但你可以让它变得更轻松。在同僚或者导师的帮助下锻炼说辞。运用我们在本章后续部分会分享的I-N-S-P-I-R-E方法。计划一次约谈，提前打好草稿，并且准备好对策。

6. 缺少替代者。

卡琳在打工时已经不知道多少次接到别人的电话，说他们准备雇用一个人，让她提些内部参考意见。卡琳知道这个人的表现并不怎么样，但尽管分享了她的想法和顾虑，他们还是选择了雇用此人。有个人还对她这样说，“好吧，卡琳，你的标准非常高。我觉得这可能有点不切实际了。”在用人的时候要慎重。千里马还在外面等待着你提供的机会。

如果你的团队中有个人在为业绩苦苦挣扎，请尽可能地提供帮助。但如果已经到了要让他重新开始的时候，也应该帮助他优雅地离开（参见第 11 章中关于如何在结束时不失优雅和尊严的说明）。

提高标准，帮助下属。这样一来自然会有结果。不要放弃。我们见过太多取悦型管理者选择让步，降低标准来与人为善，也有太多利用型管理者在结果进展缓慢的时候一怒之下撕破脸皮。你需要维持平衡，坚持到底。

I-N-S-P-I-R-E 责任方法

赢得漂亮的管理人员会带着明确的计划来找员工聊聊责任的问题，并从中建立关系和实现结果。在这些谈话中，你的总体目标是：

1. 将注意力吸引到业绩问题上
2. 进行相互之间的讨论
3. 确认员工承诺做出改进

利用 I-N-S-P-I-R-E 方法，在简短、扼要且有针对性的谈话中指出员工的改进方向，从而实现这些目标。

I：开始

在开始谈话时要尊重对方。在传统的反馈模式中，一开始往往要由提供反馈的人请求对方的允许。例如，你可以问同事，“我们能不能聊聊今天早上的事情？”当别人欢迎你提供反馈时，他们才会更好地接受。在大多数时候，这会是个不错的开头。不过，有的时候也不一定要说这段话。你可能需要更加直接。但即便是在这种情况下，你也可以表达你的尊重。例如，你可以说，“今天我需要和你谈谈。现在可以吗，或者下午怎么样？”在开始一段关于责任的谈话时，你应该尽量把时间安排得与主旨接近些。不要等过了三天时间才讨论今天早上发生的事情。尽早地抓住机会解决。

N：注意

分享你的担忧或发现。

- “我发现你下班时地板上有油漆滴下来。”
- “在听了你的通话后，我发现你和顾客太疏远了。”
- “我发现你今天早上来得比较晚。”

S：具体的支持

提供你亲眼看到的具体而有说服力的证据。

- “在你上次粉刷的两间屋子里，餐厅的硬木地板和婴儿房的地毯上溅了油漆渍。”
- “当顾客对你说，因为他妻子去世了，所以要停机时，你没有表现出任何同情。你说你很高兴能帮他停机。”
- “会议安排在 9 点，而你是 9 点半来的。”

P：试探

在你说明问题之后，员工需要一个申诉的机会。用带有好奇的中立口吻提出问题，并允许他分享任何有关的信息。通常而言，“发生了什么？”就足以允许对方分享信息或者承认问题了。

· “房间里发生了什么事吗？”

· “电话里发生了什么？”

· “发生了什么让你来晚了？”

有的时候，在糟糕的表现背后确实存在合理的原因。例如，这人可能是因为遇到车祸才迟到了。如果是这种情况，那么一定要安慰他，并且不要继续追究这个问题。

I：邀请

在给了对方表达的机会之后，你就该邀请他来解决问题。首先回顾一下期望，然后问问他有没有办法解决这个问题。这一步通常是比较直接的。例如，“我会用罩单来保护，并且在离开房子之前做一遍最后检查。”

如果他无法想出有效的解决方案，那么你可以提供一些供他改进的具体建议。

· “请你每次粉刷的时候都铺好罩单。你还应该用遮护胶带来避免油漆滴下来。”

· “我建议你先缓一缓，听清顾客到底在说什么，问问自己他传达给你的是什么样的情绪，酝酿一下，然后怀着同情心来交流，而不是直接脱口而出。”

· “在下次开会的时候，给自己留出 30 分钟的打招呼时间。”

有的时候，你会发现这名员工需要得到更多的培训。比如，小狄参加团队例会时迟到了。在“试探”阶段，你发现小狄在来开会的路上必须路过总经理办公室。而他正好负责一个总经理特别关心的项目，由于不知道如何拒绝，他被总经理留住了。在这种情况下，你应该澄清期望，并为员工提供必要的工具。例如，“如果总经理问你有没有时间，你可以告诉他你马上要开会，如果不介意的话可以 10 点钟再过来向他汇报。我们来练习一下……”

R：回顾

提出一两个开放式的问题，确认双方的理解是否一致，再问一个封闭式的问题，确保得到对方的承诺。

- “如果你每次都这么做的话，是否能让结果得到改善？”
- “你对这种方法有什么要说的吗？”
- “你承诺会通过这种方式改进吗？”

让员工回顾一次具体的承诺：“你能否复述一遍下次该怎么做？”

E：实施

一方面安排计划的实行，并说明其重要性，另一方面巩固你对员工的信心，相信他能做到。

- “打扫房屋和使用罩单是这项工作的基本要求。你如果还想接着干下去，就需要保证工作的质量。”
- “我会检查你接下来的三次通话，看看有没有表现出同情心和拉近与顾客的距离。”
- “明天的第二场会议我希望在 9 点钟能看到你。你是团队中的重要成员，如果没有你我们是无法做出最佳决策的。”

你可以最后总结说：

- “我完全相信你能把这事做好。”
- “谢谢你花时间把这件事理清楚。”
- “谢谢你的努力和承诺。”

如果员工的行为没有发生变化，常见的原因就是反馈不够清晰，或者谈话的时间拖得太长，导致员工忘记了需要做些什么。你要在简短的谈话中明确责任，INSPIRE（激发）具体的行为变化。

最后的配方

小柯是个暴脾气的美国中西部人，管理着一家环境健康和安全承包商的组织。她抹去了眼中少见的泪水。“我的期望已经很明确了，关于责任的问题也都谈论好了，情况好起来了……但好景不长。问题是我们现在又回到了原来的状态，我不知道该怎么做了。”

在分析情况时，我们发现小柯已经很好地澄清了期望，并随后找了一名工作状态不佳的员工谈话，明确了责任。虽然到目前为止一切都好，但她却没有了下一步行动。几周时间过去了，员工又捡起了先前的习惯。

我们挑了一个员工，问小柯有什么看法。“他啊，我们已经聊过了，而且他在这几周时间里也做得很好。但之后的三周他又不行了。”

“那你跟他聊过那三周的情况吗？”

“这倒没有，”小柯叹了口气，“我又不是他的妈妈。”

小柯的境况并不是个例。许多管理人员都为了维持员工的表现而费尽心机，原因就是他们没有持续地追究责任。小柯不愿意承受这种负罪感。对于取悦型管理者而言，后续跟进的工作一点都不有趣，而且与他们希望得到他人喜爱的想法格格不入。利用型管理者则常常会忽视持续性，因为这令他们感到单调乏味，或者会浪费大量精力在与结果没有直接关系的事情上。无论出于什么样的原因，没有持续性的责任是没有意义的。

要想巩固某种规律，通常都需要好多次的重复。这些反复的责任明确可以针对某一个员工，也可以散布在好几个员工身上。当你反复地在他们面前巩固相同的期望，这些期望就会变成标准。然而，如果你只是偶尔重申一次，那么潜台词就等于是他们就算不实现期望也没关系，最多也就偶尔被轻轻地拍打一下手心而已。赢家型管理者都会持续不断地追究责任。

要点贴士

1. 你是否容忍过某些方面的不作为？如果有，那么反省一下其中某个例子，并问问：

a. 是什么让你没能追究责任（期望不明确、罪恶感、担心影响士气、保留面子、缺乏自信、没有替代者）？你可以如何重新组织或者处理这个问题？

b. 你可以如何运用 INSPIRE 方法来计划与员工的谈话？

2. 回过头来想想你的管理者是如何让你承担责任的。他们有什么值得你借鉴的地方吗？你能将那些做法结合到明确责任的谈话中吗？

3. 访问 www.WinningWellBook.com，下载自信与能力表格，帮助自己找到责任问题的根本原因。

4. 计划好定期问责。如果你正在想办法改善你某个员工的具体行为，那么就应该安排好定期的日程，检查他或她做得怎么样了。如果状态不错，那么就趁机表达你的赞赏。如果不行，那么这就是个进一步指导和记录的机会。

第 8 章

6 步自检：用更少时间，解决更多问题

“优秀的管理人员都不需要别人告诉他，问题分析和决策制订是最重要的事情……成功真正依靠的就是把这些事情做好。”

——查尔斯·凯普纳和本杰明·特雷高，*The Rational Manager*

一般的管理者和赢家型管理者之间的区别往往归结于他们解决问题的方式。当你和你的团队在实现结果的路上遇到了障碍，你会怎么做呢？当有人找到你说，“我能占用你一分钟时间吗——我们遇到麻烦了”时，你是如何回应的呢？你是如何决定应该直接参与解决问题还是让某个员工先尝试一下呢？

在面对问题时，利用型的管理者往往会遭到打击，对下属大发雷霆，而取悦型的管理者则会寻找各种各样的理由来让老板或顾客放他一马。赢家型管理者会承担起解决问题的责任。他们会指派最合适的人手、分配相关的任务来处理问题。利用下面这些小贴士，你就可以迅速解决问题并回到正常的工作当中。

彭姐是个备受尊重的护士长，她对手下的护士都很好，让部门运转得十分有效率，对待病人也很友善。然而，由于病人的满意评分在最近的两个月里持续走低，这些护士都有些担心。在简单的调查之后，彭姐找到了一个与之相关的小问题：病人受凉了。负责库存和设备的福经理并没有在每天早上都清洗和发放毛毯。

尽管这明显是他的职责之一，但当彭姐找他商量这个问题时，却

发现身为他们两人的共同上司的手术中心的唐主任给老福安排了更重要的任务，占据了清晨的时间。老福是个取悦型的管理者，不好意思质询老板。

彭姐和她的员工现在面临的问题是她们无法直接解决的。诸如此类的效率问题和潜在的冲突发生在每一个组织中：由一个人做出的决定会通过难以察觉的方式影响到其他员工的结果和福利。即便是最淡定的管理者也会为了组织生活中的这一残酷现实而心烦意乱。

彭姐告诉老福，她要去跟唐总聊聊，并邀请他一起去。找到老板之后，彭姐与老唐站在同一战线上描述了目前的问题。“我们遇到了一个问题，可能会让接下来 6 个月的收益减少 5 到 10 个百分点。”在吸引了唐总的注意后，她就可以解释情况并提出方案了。唐总表示同意，而老福也很高兴地接受了新的安排，病人们也得到了温暖的毛毯。

彭姐给我们演示了如何通过赢得漂亮的方式来解决问题的第一条贴士：在承担责任的同时不要揽下别人的问题。在承担责任时，你应该问，“我可以帮到什么吗？”接着就确定这个问题该由谁来管。在上面的案例中，老福可以解决这个问题，但改变老福并不是彭姐的职责（她不应插手别人的问题）。当她心想，“我可以帮到什么”时，答案显然就是该和唐总聊聊。她负起了责任，将问题交给了合适的人来处理，并且在描述问题时令对方信服，还分享了可能的解决方案。

寻找真正的问题

如果你想方设法去解决一个错误的问题，那么就可能会把大量的时间都浪费在毫无意义的尝试中。赢得漂亮的管理人员不会不假思索地采纳解决方案。当他们遇到问题时，会按兵不动、提出问题，然后致力于找出真正的问题所在。

想象一下，如果彭姐刚听说这些护士的担忧时就立刻像许多管理者一样做出这样的反应：“满意分降低了？好吧，我们得改——加快脚步，更多微笑！”她的“解决方案”会令员工失望，掩盖真正的问题。即使分数得到了短暂的提升，这也并非长久之计。在问题出现时，不要立刻就循着直觉行动。

别人告诉你的很可能只是一个问题的症状，而非问题本身。先稳住。带着好奇心审视它。提出问题。获取相关的信息。你可以提出下面这三个具体的问题来更好地找出真正的问题，避免将宝贵的时间浪费在对付症状上：

1. 这和期望有何区别？

在 *The Rational Manager*《理性管理者》中，查尔斯·凯普纳（Charles Kepner）和本杰明·特雷高（Benjamin Tregoe）将问题定义为“与某种绩效标准的偏差”。简而言之，哪方面不满足你的期望？当彭姐问，“这和期望有何区别”时，答案很显然就是总体的病人满意度评分低于预期。

2. 什么没有发生变化？

这是大多数管理者完全忽略掉的一个关键步骤。在定位问题时，了解没有发生变化的东西是很有帮助的。这可以更好地排除那些与你无关的问题。例如，当彭姐了解到分数降低时，她问，“是哪项分数？是所有的分数还是只有其中几项？”在仔细观察数据后，她就清晰地看到大多数分数都很稳定，只有与舒适度相关的部分有变化。这就帮助她缩小了解决问题的范围。问题并不是速度或者看护的质量，而是舒适度。

3. 为什么？为什么……

一旦你确定了问题中相关和无关的部分后，就可以提出“为什么”

来寻找原因了。重要的事情往往要说三遍。彭姐会问，“病人打出的舒适分怎么在最近的两个月里下降了？”

在询问员工的想法时，谁都说不出切合问题的答案（只影响舒适度，而且只发生在最近两个月里的变化）。了解这一情况后，彭姐就调出了之前4个月的病人问卷调查，仔细查看了每一张将舒适度评为“一般”或者更低分数的单子。她发现在分数降低的前两个月，舒适度低的评分原因各式各样，而且出现得不多。而分数降低的这两个月，50%的低舒适度评分都提到了受冷和/或没有毛毯。这时，彭姐就有了方向。

注意，彭姐此时还并不清楚真正的问题所在。她发现的只是症状：病人没有得到毛毯。她必须再次提出“为什么”，才能搞明白是老福那边突然断货了。而彭姐还必须再问一个“为什么”，才能确定是由于唐总给老福分配了同一时间的更重要的任务。只有到了这个时候，彭姐才找到了真正的问题。

并不是每个问题都需要有解决方案

尽管你已经找出了问题，也还是得克制住立刻实施解决方案的冲动。经过了一番快速分析后，你可能根本就不需要在它身上浪费更多的时间了。

员工对细节的忽视让马可非常无奈，他抱怨道，“他们就不知道这个项目已经不能再出任何差错了吗？”他疯狂地加班加点，想要控制住每一个细节，对于下属的疏忽，他只要发现就立刻加以弥补。他的员工说他是个“随时会爆炸的火药桶”。马可管理的并不是什么核反应堆，而是一家为需要的人提供视频和社会支援的办事处。

就算他是管核电站的，这种“我们不能出任何差错”的观念也太夸大其词了。核反应堆、宇宙飞船，甚至是你最爱的手机都是有容许的误差的。我们做的每一件事情都有一堆可接受的工作参数。

一旦你确切地找到了问题，就该问问，“这个问题需要解决吗？”有的时候，答案是否定的。例如，当彭姐把问题呈现在唐总面前时，他可能拍板说，库存管理系统的其他变化所带来的收入增长可以成倍地弥补受冷的病人所导致的损失（在这种情况下，彭姐可能就得讨论另一个问题了：根据无法控制的满意度因素来评价护士的工作）。并不是每一个问题都需要干预或者解决。下面这些提问可以帮助你决定是否需要采取行动：

1. 这个问题在将来发生的概率如何？

这是一个诡异的小概率事件，不会对计划造成一丁点的影响，还是有可能再次发生？如果估算一下这个问题在下周、下个季度或者明年之内再次出现的概率，会是多少呢？

2. 如果问题再次发生，会造成多大程度的损害？

首先定性。如果问题再次发生，会对你的团队或者组织造成什么影响：微不足道、不好、糟糕、非常糟糕，或者灾难性？然后试着量化这些标签。例如，解释你对“糟糕”的衡量标准（金钱、时间、人力、客户影响等等）。

一旦你知晓了问题再次发生的概率和造成影响的规模，就将它们两者相乘。比如，彭姐已经确定这个问题会百分之百再次发生，而且影响是很坏的，也就是说接下来 6 个月的收入会降低 5~10%。她向唐总出示了这样一个公式：

影响 =1.00（复现的概率）×0.75（收入降低 5~10%）×1 亿美元（收入）

本例中的影响，即接下来的 6 个月里损失 750 万美元，是巨大的，于是唐总就决定解决这个问题。

我们来看看另一个场景，问题再次发生的概率很小（5%），而且影响的程度是“不好”（比如说让 6 个月的项目损失 5 天的时间）。那么这个公式就是这样的：

影响 =0.05(复现的概率)×0.038(5 天除以 6 个月内的 130 个工作日)×500 万美元（项目的每周成本）

总体来看，这个问题的影响大约为 9500 美元。对于一笔 1.4 亿美元的项目预算而言，这可能就是个没必要浪费时间去解决的问题了。它再次发生的可能性不高，而且发生了也不会造成多大的影响。

3. 是阻止问题发生好还是减小问题的影响好?

最后，你要想清楚是调用资源去解决问题更好，还是减小问题的影响更好。在彭姐的例子中，减小问题的影响是没用的（例如，让员工打电话给病人，为毛毯短缺而道歉）。解决问题，重新分配优先事项，让老福有时间管理毛毯，这样做更有意义。

在其他的情况下，比起解决问题，可能减轻后果的成本更低，甚至效果也更好。比如，当苹果公司发布 Apple Watch 时，由于两家制造商的其中一家交付的零件不合格，导致备货量非常有限。苹果就选择了利用短缺的供应来增强用户的优越感和购买者的需求，而不是进一步延迟发布。

一旦了解了问题，你就要决定是否需要解决它。赢得漂亮的管理人员知道，并不是每一个问题都需要解决方案。

定义什么是成功

你已经承担了责任，找到了真正的问题，并决定了应该要解决它。在这个时候，大多数管理者就会思考解决方案，然而这种做法还为时尚早。取悦型管理者都急于得出解决方案，无论通过什么方法，只要能让自己摆脱干系就好了。而利用型管理者会在发生问题的当下就失去耐心。不要让任何一种焦虑阻止了下面这条建议：定义什么是成功。只有树立起成功的标准，你才知道什么时候算是成功解决了问题。

只有树立起成功的标准，你才知道什么时候算是成功解决了问题。在明确定义成功的解决方案应该实现什么结果之前，你无法评估任何一种选择。

在彭姐的案例中，她将成功定义为“病人的舒适分回到之前的水平，并且不给护士的工作量增加过重的负担，也不对病人的照顾造成不利影响”。在对成功有了清晰的定义后，她才去找老福和唐总商量对策。在明确定义成功的解决方案应该实现什么结果之前，你无法评估任何一种选择。下面再举几个例子看看：

· 效率提高 15%，成本增加不超过 3%，并且在本季度末之前能测试和部署完新的流程。

· 在工作完成后的 24 小时内，100% 的顾客都知道我们帮他们做了些什么。

· 最晚在每个月的 15 日之后，每个员工都可以在完成工作的 48 小时内访问当前的公司财政情况。

明确决策的制订方式

正如我们在讨论决策时说到的那样（参见第7章），你需要明确决策的所有者和决策的制订方式。在得出和探讨潜在的解决方案之前，要明确是由你来做出选择还是大家投票或者达成一致。

得出解决方案

接下来就该出主意了。当我们询问十来个管理人员，如何得出解决方案时，大多数人都说，“头脑风暴”。我们希望你能把传统的头脑风暴放在一边。它从许多方面而言都并不有效。首先，尽管规则上说不能对想法有偏见，但其实每个人总会有一点。这是人类的天性，而且这并不是坏事，因为你确实需要让大家思考，这些想法是否可能满足解决方案的标准。传统的头脑风暴的第二个问题在于，它没有赋予每个想法同等的权重。在大部分群体中，由当权者或者能说会道的外向者提出的想法往往会先于那些可能同样好甚至更出色的想法得到大家的支持。

为了解决这些问题，你可以试试一些其他方法。我们喜爱的一种方法就是给每个人发一张便条卡片，让他们在上面写出一到三个可能的解决方案。当所有人都写好以后，打乱卡片，重新分发，让大家各自阅读手上卡片的内容。这一次，每个人都要在手中的卡片上再写若干个解决方案。再次打乱和分发，让每个人再增加一个想法，然后让团队所有人依次阅读手中卡片上的想法。将这些想法汇总到一张白板或者挂图上，当出现重复的想法时就写正字。这样一来，白板上就汇集了所有的想法，并且没有因为个别人的原因而附加额外的权重。

将解决方案与成功的标准相比较

根据与成功的标准契合的程度，从团队的角度出发给得出来的每一个想法打分。如果有难以确定的地方，就请大家对这个想法提出支持和反对的意见。

选择一套解决方案

除非出现了一个显而易见的选择，不然你总会将方案列表缩小到几个强劲的候选者身上，接下来，你就要采取在讨论一开始确立的决策制订方法了。

通过赢家型会议公式来实施

就像任何一场会议一样，这样的讨论也需要产生承诺。运用赢家型会议公式，让每一个人都明确自己应该做什么，在何时之前，以及如何确认任务的完成。同时，要设定一个具体的时间点，届时你将会评估事态的进展。

评估解决方案并为将来做打算

在约定的时候，找相关人士聊聊，确认真实的数据。你的解决方案效果如何？它是否做到了你想要的？你能从这一过程中学到什么？在将来的决策制订或者工作流程中是否需要加入些什么来避免发生类似的问题？

关于解决问题，最后提一点：你会发现我们并没有建议你寻找“有罪的一方”或者需要责备的人。利用型和取悦型的管理者擅长这种怪罪别人的戏码，目的无非是刺激业绩提高或者摆脱自身的责任。然而，赢家型管理者会控制住脾气，不会为了出问题而责怪别人。如果有人没有尽到责任，那么他们会直接提出来（参见第7章）。不然的话，他们总是将注意力放在解决方案上，询问“你(或者我们)下次该怎么改进？”

要点贴士

想想你目前面对或者最近刚处理过的一个问题，问问：

1. 你应该如何肩负起解决问题的责任？

2. 真正的问题是什么？

3. 它再次发生的可能性有多大，如果发生的话影响的程度又有多大？根据复现概率与影响程度的乘积，你是否应该花时间去解决它？

4. 当你打算彻底解决这个问题时，做到什么程度才算是成功？

5. 你是否明确了成功的标准或者定义？

6. 解决方案的选择或者决策的制订是如何进行的？

对于已经实施的解决方案：

1. 你是否清楚谁需要做什么，在何时之前，以及如何确认成果？

2. 你是否评估了解决方案的实施效果，以及是否有值得将来注意的经验教训？

第9章

让团队真正对工作上心：指派任务前的3步自检

“你的目标不应该是可能被理解，而应该是不可能被误解。”

——昆体良（Quintilian）

你当然知道应该指派任务给别人——有谁真的想要独自一人完成所有的事情呢？我们相信你不会自负到觉得自己无所不知不所不能，比任何一个同事都强。不过，如果你和大多数管理者一样的话，那么指派任务就是一件非常困难的事情了。下面这些令管理者不知如何指派任务的原因对你而言是否眼熟？

· 你的下属可能做得不如你期望的那么好。

· 你的控制力不够强。

· 当事情做得不对或者不好时，你会很失望。

· 下属并不能完全遵照指示，你要浪费更多的时间催促那些未完成的任务，自己完成反而会更省时。

在与管理人员的合作中，我们发现他们总是会在指派任务时犯下三种错误，导致浪费无数的时间、耗费大量的精力，并丧失所有的信心：

1. 你指派的是过程，而不是结果。

2. 你没有定义完成的期限。

3. 你没有让下属承担责任。

如果你犯了这些错误，那么这是很正常的：我们都犯过不止一次了。当你能改正这些错误时，就能让下属有所成长，提高团队的成果，并让自己有更多的时间去做那些非你莫属的工作。

卡琳曾与一个社交媒体的客服代表合作，对方告诉她：

“有一天，一位顾客通过微博发消息问我，‘你是机器人吗？’一开始我感到非常气愤，想要说‘我才不是机器人！’但当我仔细回味这件事时，就感到很悲伤。我意识到由于遵守流程和各种各样的规则，我说的话变得非常机械。这并不是我们的顾客想要或者需要的。他们上社交媒体是为了获得一些积极而友好的互动。如果我们能多一点自由，做我们认为对的事情，我就可以提供更好的服务了。”

有这种感觉的并不只是社交媒体的客服。各行各业各个层级都有这样的现象。我们就碰到过几个副总裁，做事畏首畏尾、失魂落魄，导致了风险极大的机械性举动。让机器人来领导机器人是不可能赢得漂亮的。可惜的是，这一切的初衷是好的：想让每一个人都达成共识，公关团队想要保证所有的员工都统一口径，或者有关效率的研究表明这种“正确”的方法能节省大量的时间。

我们都听好心的管理者说过，“我想要将所有思考的步骤都省略，尽可能地简化，让员工只需要高效地去执行就够了。”

尽管想法是好的，但当你指派的是过程时，人们的工作热情就会偷偷地流失，并转向其他有意义的事情。

你可能在想，怎么知道员工是不是机器人呢？

首先，他们不再提出重要的问题。“为什么？”“接下去呢？”和“如果？”等问题消失了，而且矛盾的是，他们在获得许可之前不敢越雷池半步。他们做任何事情都要请求许可，就算把顾客晾在一边等待也无所谓。尤其令人厌烦的地方在于，你的回答大多数都是，“当然可以。”

另一个迹象就是，即使规则不合理，他们也会义无反顾地“遵守”。

客服中心的员工理应对刚刚失去配偶的顾客特别关照，可是指南上面没有这么写，于是他就遵守了规则。指南不可能把每一种场景都预测和设计出来。如果员工离开了剧本就无法工作了，那么你就得看看是不是有促成这种机械行为的政策存在。

最后，如果你开会时的场景就像是一部老式僵尸电影，都是一些不会说话的一瘸一拐的僵尸，或者你感觉自己就像是在空荡荡的体育馆里喊加油的啦啦队队长，那么很可能有人已经放弃了思考，变成了精神恍惚的机器人。

那么，你该如何避免这种让你陷入僵化的问题呢？指派结果，并明确什么是成功，然后让你的员工通过最佳的过程去执行。

下面举几个例子：

· 我们需要制作一个新产品的原型，得满足这些工程规格……

· 这项任务是找出这个问题的解决方案，让我们能既做到 x 也做到 y。

· 你的团队需要流程培训，这样才能每个月花不到 10 分钟的时间准确地完成它。

在指派时，要明确结果。他们负责实现的是什么？这项任务的意义何在？你可以指出这份责任在更宏大的蓝图中起到了什么具体作用。清楚地定义成功的结果看起来、听起来、闻起来是什么样的，它又有什么作用——只要与任务有关的内容都可以。

但是，不要指派过程。也就是说，如果对方知道该如何完成你所指派的工作，那么就克制住冲动，不要告诉她该如何去做。当你告诉一个有能力的人要如何做某件事情，而她明明已经知道该怎么做了，那么这就等于在侮辱和贬低她，也会破坏你们之间的信任。

将结果说明白，将过程交给员工。当你手把手地指导整个过程时，就不是什么真正的指派了。如果他知道该如何工作，那么你的管理就过分微观了。

虽然我们从没见过哪个管理者承认自己微观，但却经常会听到各个层级的员工和管理人员对别人有这样的抱怨。微观管理是一种功能失调的行为，而且大多数领导者都会时不时地犯下这样的错误。那么，你如何知道自己落入了微观管理的陷阱呢？

当你被别人微观管理时，是很容易发现问题的，但如果你是元凶，那么要察觉可能就困难得多了。下面是几个微观管理的例子：

· 不停地告诉别人该做什么和该怎么做
· 就算是对于能力最强的员工也要事无巨细地监控
· 纠结于无关紧要的细节
· 在休假时还经常通过电子邮件、电话等方式检查下属的工作
· 要求下属持续不断地汇报、反馈和更新状态
· 由于员工在等你完成理应由他们完成的工作而导致一事无成

你需要树立起明确的期望，然后再指派结果，从而避开这些症状。如果员工从没学过该如何工作，那么就需要培训。如果你想要给员工培训，那就把它当成培训来对待。除此之外，你都应该指派结果，而不是指派过程。

你忘记定义最后期限了吗?

最近，大卫要求他的业务经理完成一项具体的任务。他很清楚要的是什么结果。他估计花费两到三天的时间就足够完成这项任务了，

即便当中有些中断也没有关系。虽然他对于时间的估计非常准确，但当他们过了一周再对进度的时候，发现这名经理根本没有开始这个项目，更别提完成了。大卫感到很失望。他已经明确说明了自己的要求。问题出在哪儿呢？

问题在于他犯下了指派任务的第二号错误：他忘了定义最后期限。这是许多管理者都会犯的一个常见错误，尤其是A型性格[①]的人。他们在指派任务时心里都期望能尽快，最好是立刻完成，但是并不会给下属规定某个具体的期限。而等到心里预期的时间一到，如果任务尚未完成，他们就会感到很失望。大卫没有定义最后期限，于是就因为自己内心的期望没有得到满足而不乐意了。

他的业务经理说得很明白："你的期望如果不告诉我，我就没法去满足它。"

我们首先要弄清这一点：这并不是你下属的错。大卫的业务经理正在努力地处理其他的任务。她已经将这个项目放在了一大堆待办事项里面。如果不定义完成的期限，那么她可能就会在其他工作允许的情况下，在两三周之后完成。她何错之有？

我们有时也会遇到对于这一点提出异议的管理人员。有一位先生是这样解释他对类似情况的看法的："你看，如果他们有时间做其他的事情，那么肯定也有时间做我要求的事情。"

我们的回答是："没错，他们确实有时间。那么，他们凭什么将你指派的任务放在其他待办事项的前面呢？"

"因为提出要求的人是我。"他怒喝道。

我们很感谢这位管理人员的坦诚。他显然说出了许多管理人员的心里话："如果是我提出的要求，那么就应该自动成为最优先的事情。"

---

① 译注：容易冲动。

这说得好听点是傲慢，说得难听点就是自恋了。你需要通过下面这句话快速地认清现实，这会有利于你更有效地进行管理，并保持人性：

在其他任何人的世界里，你都不是中心（除非是你养的宠物狗——它们装模作样的本领可大了）。

为了避开指派任务的第二号问题，你就需要明确完成的期限。这个项目需要在何时完成？在人性化的领导风格中，你要确定此人有能力在规定的时间框架内完成任务。如果这名员工还有与之冲突的高优先级任务，那么你可能还要帮着确定什么才是最重要的工作，并与指派那些任务的管理人员协商优先级的问题。

你是否在指派任务时建立了责任?

有一回，当我们介绍这些指派任务的原则时，一名听众打断了我们，说，“说得好，所以我需要明确结果和完成的时间。我觉得我做得挺好的，可是还是没法让事情如愿完成。你们一定还有别的方法吧。”

你是否和他有相同的感受？你浪费了多少小时、多少天，或者多少个星期追在那些石沉大海的任务指派后面？你是否曾经指派了一项任务，并且说清了期望的结果和完成期限，可是整整 6 个星期过去了，你还是搞不清楚这个项目出了什么问题？

我们都遇到过。这时你感到失望透顶，对员工大发雷霆，而且不得不挤出更多的时间去了解具体的情况，结果还是赶不上进度。你耗不起这个时间。

实际上，等你解决了指派任务的第三号错误，即没有建立责任，就再也不必追着失控的任务跑了。这是一个杀手级的错误，让太多太多的领导者要么再也不敢指派任务，要么就万念俱灰，破罐子破摔。当你不得不追着指派的任务跑时，责任就是你缺少的良药。优秀的管理者会在指派任务中融入责任，而不是两手一摊听天由命。

要想在指派任务时建立起责任，双方就应该提前约好一次会议，让对方到时候汇报任务结果。例如：

“这应该在6月30日搞定。我们在6月30日下午3点约个15分钟吧。会议的议程就是由你来分享最终的产品/发现/成果，然后我们再讨论后续行动和相关问题。”

你们两人都要将会议安排在各自的日程中。原则上，在指派任务时，都应该安排好一个时间，让对方完成任务并汇报给你。这就是在指派任务时融入责任。

如果项目的周期很长，那么你可以在三分之一的时候安排一次状态更新会，让员工负责讨论自己的方法和早期的障碍，并且双方可以趁此机会明确期望。

不要将责任留给上天来安排。不管你的下属责任心有多强，如果没有明确定义他们该如何向你汇报任务或项目，就可能半路杀出其他任务将他们抢走。你甚至可能就是那个安排其他任务的人，也可能是其他管理人员指派了与之冲突的工作。

安排好一个时间，让你们能面对面地聊聊，这样一来你就可以告别那些追着延期项目跑的日子了。

记住，指派任务是一种强有力的工具，不仅能令你完成更多的事情，也能帮助你的下属成长，但前提条件是你指派的是结果，明确定义了什么是成功，定义好完成的期限，并且安排好后续的跟进会议。

要点贴士

1. 想想你需要指派的下一个项目或任务。花点时间写下：

a. 成功是什么样的？期望的结果是什么？

b. 你给这项任务设定的预期完成时间是什么时候？

c. 你什么时候安排员工汇报项目结果？

2. 想想最近别人给你指派的任务。你能否列出：

a. 成功是什么样的？期望的结果是什么？

b. 你给这项任务设定的预期完成时间是什么时候？

c. 你什么时候汇报项目结果？

d. 如果你无法回答上述的一个或几个问题，那么你什么时候可以再次与指派任务的人见面并澄清这些疑惑？

3. 突破微观管理的泥沼。如果你特别容易微观管理，那么可以考虑采取以下步骤来摆脱这种坏习惯（并恢复人性）：

a. 想想你的动机。是什么在导致你选择进行微观管理？找一名导师或者教练来帮助你找到根本原因。向你的团队询问反馈意见。

b. 组建合适的团队。如果你现在根本无法信任这支团队，但是过去曾经有过值得信赖的团队，那么也许是时候联系那些老战友了。

c. 设定明确的期望。设立好明确的前进方向是给团队注入动力的第一步。告诉你的团队应该朝哪里走，但不要限制他们走的方法。

d. 建立起强健的交流系统。想想你真正需要接收哪些信息，以及接收的频率。形成一种让大家能轻松汇报状态的节奏。你可能没办法完全放弃监督，但可以试着尽量减少不必要的汇报。

e. 给出明确的反馈。最可怕的微观管理就是重复反馈。如果有什么不对，你需要非常明确地指出自己的要求，才能避免无穷无尽的返工和浪费时间。

第 10 章

先做你的 MIT：“需求无限，而我有限”

“简单说到底就是两步：找出必要的。去掉剩下的。”

——里奥·巴伯塔（Leo Babauta）

当你有心要赢时，就很容易会感到不堪重负。你总会觉得还有更多的事情要做，而且似乎永远没有时间照顾到所有重要的事情。赢家型管理者知道自己不可能面面俱到，并且能系统地找到最重要的事情，清楚该放弃些什么。

“大卫，我真的觉得时间不够用。要做的事情太多了，有的时候我想干脆不干了！”小希是一家大型软件公司的中级经理。由于工作上的要求已不堪承受，她希望能得到他人的指点。被夹在团队成员的需求和主管的期望之间的她每周都要工作 60 小时，健康状况也逐渐恶化。她现在已经赢不了了，更不要提赢得漂亮了。她不想看到日历上那些排得满满当当的会议，而且常常在同一时间段里就有两三个邀约。

你可能也感同身受。管理者会面对永无宁日的信息流、待解决的问题、待制订的决策、需要应付的紧急事态，以及来自电子邮件、短信、电话、消息应用的中断，哪还有时间去做他们想做的项目，让明天变得更加美好呢？你常常会觉得自己永远只能苦苦地追赶进度。但赢家型管理者会将时间和精力集中在能产生结果和建立关系的活动上。

承认你不能面面俱到

首先，你必须承认自己无法面面俱到。总是会有一些精疲力尽的领导者找我们咨询，原因就是他们没能认清这一事实。我们将这种赢得漂亮的时间观念称为“需求无限，而我有限”。在任何一个瞬间，虽然你都毫不夸张地有数以千计的事情可以去做，但是只能选择做一件。没错。只有一件。

在你能将时间和精力专注于结果之前，你必须先对自己有所了解，明白自己在任何时刻都只能做一件事情。在电话会议中，如果有员工进来请你提出一些简单的建议，只有傻瓜才会按下静音键，尝试一边帮助这名员工，一边继续开会。这样一来两边都得不到足够多的注意力。如果电话会议没有实质成果，那么可以参考第 5 章的做法。如果员工带着一个应该独立解决的问题来找你，则可以参考第 14 章的做法。如果两者都很重要，那就一个一个分开完成。

承认这一点之后，你要心平气和地接受工作永无止境的事实。虽然你的理智知道这一点，但只有当你真正接受它，并承认自己总是会有可以做但没办法去做的事情，你才能拥有专注于当下最重要之事的自由。

需求无限，而我有限。

了解组织中最重要的事情

一旦你承认了需求无限，而我有限的事实，就该把最要紧的事情，彻底搞清楚了。在你的工作中，最重要的两到三项组织价值是什么，让你的关系和结果有所发展的最重要的成果又是什么？你可能会总结出一长串答案，但一定要将其删减到两三项至关重要的价值和活动。真正能推动你和你的团队成功的东西是什么？如果不搞清楚，你就无法进行接下来的步骤。

找出你最重要的活动

一旦你了解了对组织和团队的成功而言最为重要的价值和成果，你就可以围绕自己的 MIT，即最重要的事情，来组织一天的行动。你的 MIT 就是在这一天时间内可以做的唯一一件最重要的任务。

在每天的一开始，检查一遍你的项目、任务和待办事项，从中选出一项，作为这一天的 MIT。提示：它应该与你的 WMM 价值和活动相匹配。你的 MIT 应该时常发生变化，并且要始终明确当天的这件任务。接着就进入下一步吧。

做事

先做你的 MIT。

总会有事情让你分心的。你会遇到真正的麻烦事，发现事态的进展出现了变化，老板需要你做些什么——这就是生活。但你要明确自己的 MIT，优先去做这件事——电子邮件靠后站，语音信箱靠后站，跟老板汇报或者听团队汇报也要靠后站。不管要花费 30、60 还是 90 分钟，你总能将它搞定，然后全副精力地应付其他的事情。

按照一年的正常工作时间来看，去掉一些节假日，如果你每年工作 50 个星期，那也就是 250 天。这就有 250 个 MIT 了。如果你每年都能认认真真地完成 250 个 MIT，那么你的团队、你的结果和你的职业会有多大的改观呀！大多数管理人员都会为自己的成就而感到震惊。

还要记住：当你专注于自己的 MIT 时，还要确保员工们也知道他们的 MIT，并且不要加以妨碍或者阻止。

唯一原则

根据唯一原则将你的时间和精力集中起来。我们之前提到过，你在同一时间只能做一件事情。在处理 MIT 时，你应该关闭手机、电子邮箱、社交网站和微博推送（除非你在某些社交媒体公司工作，所以 MIT 正好就是查看微博消息），全神贯注于这项 MIT。

宝琪是一家教育行业的国际性非营利性组织的副总裁。她选择采取唯一原则，在上午和下午分别划出 90 分钟专门的“埋头”时间，只有真正的紧急情况才能打断她。她之所以设置这样的时间，原本是为了专注于每天的 MIT，但她发现其他人也都纷纷效仿，从而让整个办公室的生产力都提高了。

如果你有机会跟一些成功的“首席”高管聊天，就会发现他们不会同时忙许多事。他们专心。他们全神贯注，集中精力。他们相信自己的专注会带来影响。他们又很谦虚，明白自己的大脑无法在同一时间在不同的角度产生优秀的见解。

生活中几乎没有任何事情是等不了 90 分钟的，而且真要是等不及了，别人肯定会来找你。唯一原则意味着你在某一时刻将全副精力都投入到一件事情中。当你需要改变专注点时，也要有所意识并全力以赴。

休息

有了休息，你的大脑和身体机能就会变得更好。这就是为什么“需求无限，而我有限”是事半功倍的基础。我们碰到过无数利用型的管理者，他们不肯对自己的极限妥协。他们废寝忘食、放弃休假，搞得自己的身体疲惫不堪，而且没有将时间投入到重要的人际关系当中。忙碌并不意味着生产力。你应该有意识地规划时间，从而恢复生产力。

如果你觉得这难以做到，我们懂你。大卫就恨不得不要闭眼。这个世界是那么的有趣，充满了值得学习的奇妙事物，他曾经就每天晚上只睡 5 小时，持续了好多年。但这让他付出了代价。他生了病、体重减轻、烦躁易怒，而且连做出决策的力气都没了。尽管人各不同，但大多数成年人睡 7 到 8 小时是最精神的。你需要什么来拯救自己的心理和生理健康呢？如果你总是疲惫、虚弱，不能长时间地专注或记忆，那么请你帮你自己和你的团队一个忙：休息。这样你反而能完成得更多。

锻炼

与我们合作过的大部分管理人员都说他们“太忙了没时间锻炼”。他们完全找不到满满的日程里还有什么时间能用来锻炼。

这听起来很矛盾，但当你挤出时间去锻炼时，耗费的这些精力和时间都会成倍地返还。你的思维会更清晰，你的体力更充沛，你的睡眠更香甜，而且对于压力的承受能力也会提高。能边走边聊的话，就不要老是坐在会议室里。一边看最喜欢的电视剧，一边可以做些锻炼。每天都让自己的小心脏蹦跶几下，一定会让你事半功倍。

有目的地工作

了解你的“为什么？”你为什么在做手上的事情？这能解开许多疑惑，尤其是当你不想做下去的时候，而且它确实能对管理起到实质性的作用。你的目的是什么？你为什么担当这个角色？

管理人员承担工作的原因通常有 5 种，可以称之为 5P 管理动机：

Power（权力）

Prestige（声誉）

Purse or Pennes（钱包或者金钱）

Purpose（目的）

People（人）

如果你是为了前三种动机而工作的话，那么就常常会失去动力，原因就是再多的权力、声誉或者金钱都不可能弥补你的牺牲和劳动。当你失去动机时，就要回想自己最重要的“为什么？”，也就是你工作中的人和目的。让它们来支撑你和激励你。

了解自己

你的精力从何而来，又如何耗散？

大卫是个内向的人。他喜欢与他人相处，但也知道和别人一起待得越久，就越是耗费精力。如果他太长时间没有独处的机会，就会感觉浑身不舒服。在主持为期数天的研讨班时，他常常会解释说，因为想要在研讨班上保持最佳状态，他会挑一天晚上不跟同学们出去消遣，好好地休息一下补充体力。卡琳则是个外向的人。在一个晚上的激情互动后，她的状态才最好。如果她要花很多的时间伏案写作或者研究组织的细节，就会感到精疲力尽。她可以做，但会比较计较时间和工作量，可能时不时地还要打个瞌睡。

了解你自己的日常精力模式，并安排适合自身精力的活动。什么时候你思维最活跃？对许多人而言，那是在早上，他们的大脑和身体重获新生的时候。如果你下午会打瞌睡，那么是否可以利用这段时间做些不需要太耗精力的日常事务呢？

做更少的决定

做决定是很耗精力的。你在一天里做出的决定越多，下一个决定就会变得越困难。不要再做些不必要的决定了。

· 坚持让团队成员去做他们理应负责的决定。

· 取消订阅那些没有帮助的电子邮件，它们会吸走你制订决策的精力。

· 迅速完成低风险的决策。如果后果微乎其微，那么就尽快做出决定，转向下一件事。

· 只做一次决定。这是一种古老而必要的生产力策略。看一遍邮件，接着要么删掉，要么采取行动，要么计划好以后采取行动，要么将其放在与之相关的项目文件里，要么就放在“可能以后再看”的文件里。

有始有终

确保事半功倍的最后一个方法就是要“冷酷无情”地对待任何耗费时间的活动。我们已经提供了找出最大元凶的工具：会议、决策、问题和指派。在每一场会议的最后都用赢得漂亮的会议公式来结尾：谁来做什么事情、在何时之前，以及你要怎么确认？在每一场会议、每一个决定和每一次指派任务时都要明确传达并建立责任，这样就不用追着落后的进度浪费大量的精力了。坚持你的责任分配。这些小小的投资加起来可能达到数周，乃至数月的时间。它们还能让你的心情告别烦恼和焦虑，反过来也让你能更好地专注于手头的任务。

要点贴士

1. 承认“需求无限，而我有限”。找出一两个可以不再进行的具体活动，从而为更重要的工作节约出时间。

2. 看看你接下来三天的安排。现在，找出其中每一天的 MIT。将它们写下来。

3. 在接下来的三天里，每天根据自己在 MIT 上花费的时间打个分数。

4. 拿出一张纸，画出两列。在左边列出所有让你感觉更有精力和活力的事情。在右边列出耗费精力的事情。接着制订一份具体的计划，想想自己如何能多做些第一列的事情（至少一两件），少做些第二列的事情（也至少一两件）。

5. 在大多数的日子里，你是否有足够多的休息和锻炼，让自己处在最佳状态？如果没有，那么你可以做出什么改变改善自己在这方面的表现？

6. 对于会议、决策、问题和指派中的明确性和问责制，你有什么需要注意的地方吗？你是否需要关注其他什么经常消耗精力的事情？

第 11 章

5 步，体面地解雇员工

“分离是人类的命运。”

——R.M. 巴兰坦（R. M. Ballantyne）

到了这个时候，你可能会以为，赢家型管理者已经让每一个人将精力集中在正确的行为上、肩负起责任，并激发了他们的最佳状态，于是就不需要开除任何人了。遗憾的是，即使是最强大的管理者也会遇到只有说再见才是对整体而言的最佳解决方案的时候。赢家型管理者知道如何让员工走得优雅而且有尊严。

“我是小马。能占用您一分钟时间吗？”

大卫刚结束了一场面向中层经理和执行官的领导力技能提升讲座。小马走上前来，在简单的自我介绍后分享了自己的经历。

“我曾经是一家知名的技术公司的副总裁，并且一直都在践行你刚才说的所有方法——只有一个区别，我让那些不适合团队的人留了下来。”

大卫回答说，“很多人都是这样。这对大多数管理人员而言都是艰难的挑战。”

小马皱了皱眉头。“可不是吗。这也是我为什么说自己‘曾经是副总裁’。由于责任分配方面的不足，我丢了这份工作。拜托你一定要让大家知道这一点有多么重要。告诉他们小马有亲身体验。”

好的，小马，我想告诉你：

最近，一家人力资源公司进行了一项调查，问大家，“如果让你当一天老板，你会做些什么？”

你会如何回答这个问题呢？你觉得你的员工又会如何回答呢？

我们第一次看到这项调查的时候还是在20年前，饶有趣味的是，排在首位的答案到现在都没有变过。排第一名的答案并不是给自己加薪、多度几天假或者在休息室里准备更美味的小吃。表示要“开除、降职或者做出其他的改变来提高员工的水准”的受访者比做出其他回答的都要多。[①]

根据我们的丰富经验，有些将此列为首选答案的人可能缺乏自知之明，自己其实就在你的开除名单前列。尽管如此，既然调查的结果在几十年来都保持着一致，追究责任的必要性也就非常明显了。

虽然管理者经常会不得不开除员工，但是在做得好与不好之间可有着天壤之别，有的管理者会让它成为一场可怕而丢脸的噩梦。开除员工可能是大多数管理者不得不做的最为困难的一件事情。即便如此，从团队或工作群组里开除某人是赢的一个重要部分。开除表现糟糕的员工会让那些有成绩的人觉得自己的时间和努力得到了重视。在开除问题员工时，你会帮助每一个人提高生产力，尤其是你自己。根据我们的经验，如果应对不当，表现糟糕的问题员工可能会浪费你80%的时间。

所以，如果你想要赢，那么早晚会有需要开除员工的一天。你做得如何将决定你能否赢得漂亮。许多管理者都在这方面跌过跤。

例如，开除某个无关紧要的员工可能不会给你带来什么负担，因为此人对包括你在内的每一个人都粗鲁无礼，对顾客也毫不客气。但是如果你对此人真的有好感呢？你们好几年来已经建立了亲密的关系。

---

① TINYhr，《2015年员工的愿望清单》（*Employee Wishlists for 2015*），援引于2015年2月7日，http://www.tinyhr.com/landing-page/2015-new-year-employee-report.

你关心她。你甚至可能还认识她的家人。也许她甚至是个能力很强的人，只不过做了件蠢事。现在你不得不把她开除了。你会怎么做呢?

在任何讨论之前，我们先提出一项严正的警告：我们并不是劳动法的律师。你必然需要咨询一下人力资源部的人，要是你在一家比较小的组织里，手上没有适当的途径，那么可以联系一名律师或者当地的雇主委员会。你有责任去弄清相关的制度规则、合同（例如专门加盟或者终身聘用）以及任何对情况有影响的国家和地方法律。这就不是我们讨论的内容了。不过，我们希望能在思维和实践方面帮助你，在顾全大局的时候优雅而不失尊严地辞退员工。

如何坦然做出艰难的决定

许多管理人员都会在把员工踢出团队的决定上举棋不定。这并不是一件坏事，你只是应该认真对待而已。大卫曾经与一家大型建筑公司的老板合作过。在谈论辞退员工的问题时，这个老板说，“如果有一天，你已经可以不假思索地改变一个人的生活和家庭，那么你才是那个应该退休的人。”

你应该认真对待，再三考虑，但不要为了求个心安而延后或取消。辞退员工有可能是非常情绪化的决定。这是许多管理者选择尽量不炒人鱿鱼的原因。你会感觉不想伤害这个人或者他的家庭。如果你是个取悦型的管理者，那么你就需要大家的喜爱。就连利用型管理者也会搁置这些决定。为了跨出这障碍重重的一步，你就需要改变自己的思维方式。

在管理时，你总有一天会意识到某个人已经对任务没有贡献，而且现在，或者从来都不适合这家组织。在这些情况下，你需要确定自己已经做出了足够的努力去帮助她（巩固期望、提醒她身上的问题、提供所需的培训，以及在可能的情况下执行公司的正规程序）。如果你已经尽了力，而且此人确实亟待改进，那么为了团队、为了你自己的威信，以及为了这位员工，你能做到的最重要的事情就是帮助她离开。

你当然应该权衡问题的严重性，并做出深思熟虑的决定，然而总有一天你会要求一名员工离开。不要因为别人觉得你应该这么做，也不要因为你感到生气，更不要为了回避其他问题而这么做。在辞退别人时，原因应该是这对于团队、组织和员工自身而言是最好的选择。

并不是每一个人都属于这里

在帮助团队共同实现结果之前，需要接受的基本思维方式之一就是，并不是每一个人都可以成为每一个群体、团队或组织的一员。

表面上看来，这句话似乎是不言而喻的，然而你所在的组织或团队很可能就因为那些有责任确保人尽其用、统一目标的人没有尽到职责而被拖了后腿。要想优雅而有尊严地辞退员工，最核心的就是要认识到，你面前的这个人具有强项和价值，只不过这些强项和价值并不适合他目前的职位。

卡琳手下曾经有个心怀许多美好想法，但却一直难以付诸实际的人力资源经理。在花了一年的时间检讨期望、规划业绩改进策略、培训和面对面的谈话后，她不得不请他离开。在一年后，他打电话给卡琳说：

“谢谢你。被辞退是我遇到最好的事情之一。我现在正在攻读博士学位、教书，还给人咨询。事后看来，我当时应该退出，只不过我对于未来的路感到非常恐惧。这迫使我采取了必要的行动。”

如果你需要开除某人，那么她究竟是做错了事还是根本不是理想人选已经不重要了。我们讨论的是你在这一过程中需要的思维方式：并非每个人都可以属于任何一个团队。

你也是为了他好

做出辞退决定的一个最为重要之处就是你要意识到，当你帮助某人离开时，也是为了他好。这是学会如何告别的重要步骤：意识到如果你容忍糟糕的表现、目标的偏差或者对同事的不友好，其实并不是在帮助他。

当你帮助某人离开时，也是为了他好。如果你容忍糟糕的表现、目标的偏差或者对同事的不友好，其实并不是在帮助他。

如果这名员工的目标存在偏差，那么如果你不请他离开，就等于在阻止他进一步提升自己的强项。如果你容忍了员工的过失或冲动行为，就成了恶劣行为的帮凶，也让他没有机会学会如何在现实世界中获得成功。

无论是哪一种情况，尽管对员工说再见并不是什么愉快或者乐意去做的事情，但如果你的动机所关注的不仅是为了组织好，也是为了他个人好，那么这完全就是充满关爱的行为。

不要让你的勇气不足或者内心的疙瘩伤害了表现不佳的员工和表现出色的员工。优秀的管理者之所以知道告别的时机和方式，是因为他们明白，这么做可以发挥出他们的价值。

我该怎么做到?

首先，做好自己的功课。当你有充分的准备时，就不太会在辞退的决定上举棋不定。这就是为什么我们那么强调明确期望的重要性。如果你对员工的表现不满意，然而又并未明确期望，那么这就是你自己的问题，而不是她的。认认真真地明确期望，了解公司的政策和流程，并走完合适的程序，帮助员工接受辞退或者为之做好准备。

接下来，我们假设你已经做好了准备工作，做出了辞退的决定。你已经明确了期望，提供了必要的培训，遵守了公司的政策，适当地提供了弥补的机会，但情况并没有改善。现在你又再一次面对“怎么做？”的问题了。重申一次，当我们说“怎么做”的时候，我们并不是在提供法律建议，我们想要帮助你在维护自身和这名员工的尊严的同时顺利走完整个过程。

从事人力资源工作的人都会告诉你，谈话要简短、明确和直接，这都没有错。通常而言，在有旁观者的情况下，你应该告诉员工目前的情况，让她把东西整理好，然后陪同她离开办公室。不要道歉。留意好安保问题。我们都曾经在解雇员工的时候布置过额外的保安，避免曾经有过激或威胁性行为的员工失控。

当你想多说点的时候

尽管解雇员工可能是个艰难的决定，但你一定要保持镇静。有一次，大卫让一位人力资源代表担当见证人，结果这位代表过于同情眼前的失业员工，差一点就哭出来。这一点也不专业，把一个困难的局面变成了一个非常糟糕的局面，甚至可能会衍生出一些法律上的问题。如果你的内心还有千言万语，而不是只有一句简单而直接的声明，那么一定要记住：

1. 这与你无关。

当你不得不辞退别人时，你可能会忍不住想表达出自己的难处或者情感上的苦恼。

别这样做。

一句简单而态度中立的声明，再加上“这种话很难开口”就足够了。任何更加戏剧性或情绪化的话都会让这场对话变成你的事，而不是对方的事。无论你在这种情况下感受到了多强烈的情感压力，对于这名员工自身的压力而言都不值一提。他可是刚刚丢了工作。集中精力帮助他，做到清晰、简明和支持。

2. 他做的事不好，而不是人不好。

要说清楚导致辞退的行为或原因。将矛头指向这些行为而不是这个人。例如，说“这些未经允许的缺席导致了……”而非“你靠不住”。这些错误并不等同于这个人。如果他想要申诉的话，要给他机会。

3. 他还有未来，还需要希望。

帮助他在失败中前进。即使员工做的事情让卡琳大发雷霆，她也会尝试为乐观的未来种下一颗种子。例如，她会说，“你不必为这件事情而否定自己。我见过许多做错事的人，当时觉得这是毁灭性的，但后来还是振作起来，拥有了充满生机的职业生涯。”

4. 提供提问的空间。

说些“我知道这很难接受。你对于这一过程或者接下来要发生的事情还有什么问题吗？”之类的话会让你表现得更有同情心（注意，你并不是提供机会质疑这个决定。如果对方质疑或者挑战你的决定，那么就礼貌地回应，“我知道这不容易。今天是你的最后一天，我们会……”接着重新解释这一过程）。一定要确保对方知道在遇到未决事项时知道该问谁。

5. 你可以私下告别。

找个时间联系一下道个别肯定没有坏处。如果你们比较亲密，那么在适当的时机说些心里话也没问题。大卫曾经开除过几个人，尽管他们不称职，但后来依旧是很合适的朋友。

有同情心的领袖依然可以表现出同情心。虽然你要坚持立场，不能变卦，但事后联系一下，说声“再见”和“我相信你能挺过去的”也是可以的。

要点贴士

1. 如果你曾经开除过别人，那就回想一下当时的经历。根据我们在本章中的讨论，你在下次解雇别人时是否有可以改进的地方？

2. 是什么样的想法让你没能下决心解雇员工或者没能优雅而不失尊严地解雇员工呢？你是否可以考虑改变一下思路？

3. 你是否曾被解雇过？如果有，那么有哪些方面是你觉得值得复制到其他人身上的？你又能对它作何改进呢？

4. 你的期望是否如想象的那么明确（通过定期检查员工对期望的认识，询问他们正在做什么和为什么做，从而避免不适当和不必要的解雇）？

5. 如果你从没学习过，那么就应该找人力资源部门、律师或者本地的雇主委员会，让他们为你介绍一遍切合具体情况的最重要的法律、政策或流程。

第三部分

激发团队获胜动力

在第二部分，你得到了帮助自己和团队实现结果、集中精力，以及避免因疏忽大意而增加工作负担的工具。这些方法都是为了赢。

在第三部分，你会得到赢得漂亮的工具，也就是说，能在长时间内维持出色的状态和结果。我们会集中讨论你的员工最需要的东西，即得到赏识、信任、支持、联系、包容、挑战和认可，从而站在他们的角度上来探讨，同时也能增添一些乐趣。我们会分享一些你需要的技巧。探寻这些人类深层次的需求就是单纯的赢和赢得漂亮之间的差别。只要采用了这些简单的方法，你就可以避开许多陷阱，不会像许多利用型、玩家型和取悦型的管理者那样，不仅失去了长期的结果，还一并失去了人性。

第12章

3种策略，帮你的员工激发自己的潜力

“我们首要的需求就是能有一个人激励我们，令我们成为理想的自己。”

——拉尔夫·瓦尔多·爱默生（Ralph Waldo Emerson）

你无法激励你的员工。因为所谓的激励应该来自于一个人的内心。这不是你能从外部提供的。如果可以的话，在盖洛普的调查中也不会始终有68%到70%的美国工人都感到孤立（世界各地也有类似的统计数据）。[①]这就是为什么大部分增进员工参与度的项目都行不通的原因。不过，你可以通过展现和挖掘的方式培养激励，并鼓励持久的变化。但这光靠开会讨论是做不到的。首先你要创造一个能让员工表现出真实自我的空间。

小雪对自己团队的成果感到失望透顶。她已经安排了额外的培训，引入了成熟的激励计划，设置了评分系统并针对问题点加以处理，实施了她能找到的每一个最佳方法，甚至还邀请老板做了一场简单的动

---

① 例如，参见尼基·布莱克史密斯（Nikki Blacksmith）和吉姆·哈特（Jim Harter）的“Majority of American Workers Not Engaged in Their Jobs”，盖洛普民调，2011年10月28日，于2014年10月15日摘录，http://www.gallup.com/poll/150383/Majority-American-Workers-Not-Engaged-Jobs.aspx；丹妮拉·余（Daniela Yu）和拉杰什·斯里尼瓦桑（Rajesh Srinivasan）的“Employee Engagement Increases in China, but Still Very Low”，盖洛普民调，2013年2月20日，于2014年11月摘录，http://www.gallup.com/poll/160190/employee-engagement-increases-china-low.aspx。

员演讲。

没有丝毫的起色。团队的结果依然是一场噩梦，而且员工们都明显表现得筋疲力尽。

“你可以跟我谈谈你手下的员工吗？”她的经理罗总问道。小雪的回答里充斥着“态度问题”、“缺席问题”和片面的统计数据。

罗总又问了一遍。“你能跟我谈谈团队里的人吗？他们结婚了吗？他们有孩子吗？他们的兴趣爱好是什么？他们周末是怎么度过的？他们上周末去哪儿玩了？”

小雪愣了一下，承认道，“现在的结果太差，导致我没有时间去关心这些事情。再说了，这是工作问题，不是私人问题。”

“现在谁把团队带得最好？”罗总问。

“小何。”她毫不犹豫地答道。

“请你再跟小何取取经。不过这一次，别问他最好的方法是什么；问他是如何与员工打交道的。”

小雪从小何那里带了长长的一串清单，这些都是小何每天与员工培养关系的方法。小雪尝试了起来。她开始对每个进门的员工打招呼；将每天的头两个小时专门用来与呼叫中心的客服坐在一起聊天；与每个人一对一地谈谈私人话题；赠送生日贺卡；还会追问一些“鸡毛蒜皮”，比如你们家孩子上周的足球比赛踢得怎么样。

结果发生了突飞猛进的增长。其实生意永远和人情是分不开的。

与他们为伴，他们也会与你为伴

对于管理者而言，虽然价值和愿景很重要，但它们只是等式的半边而已。大卫在一个名叫小艾的男孩身上学到了一课。

在 23 岁的时候，大卫在一所市内高中教授社区领袖方面的课程。

该课程的很大一部分就是公开演讲。在开班第 9 天，轮到小艾在全班面前发表他的第一次即兴演讲了。这是一个长得颇为壮实的 17 岁高一生。他脸颊上的伤疤、粗壮臂膀上的文身，以及泰然自若的信心，让他散发出强烈的气场。其他的学生也都敬他三分。

他将手伸进帽子里，掏出一张小纸条，然后宣布了他的话题。“我有车，兄弟们。”

小艾不断摇晃着身体，眼睛望向窗外，没有与班上的任何人有眼神交流。最后，他深吸了一口气，摇了摇头，开口了。

“车子很……”

但他再也说不下去了。小艾太紧张了，他缩回了自己的位子上，显得垂头丧气。课后，大卫让小艾留下来几分钟。

等其他的学生都离开了教室，小艾走到大卫跟前，问，“咋了？”

“小艾，我——”

然而话到嘴边却卡住了。

这是咋了呢？

好问题。

他原本让小艾留下来，是想鼓励他，可是大卫才比小艾大 6 岁而已，而且他的人生与他的完全不同，更何况他当老师才不到两个礼拜而已。

“咋了”的事情是，大卫不知所措了。

大卫将苍白无力的鼓励抑制在喉咙口，搜肠刮肚想说点别的。小艾的一只耳朵上方少了一块。这可能起不到多大的作用，但大卫只能尽力了。

“小艾，你能不能告诉我你的耳朵怎么了？”

“好的老师。是子弹打的。它打在垃圾桶上反弹到我耳朵了。”语气里没有故作勇敢，只是漠不关己的淡然，好像这是每天都会发生的事情一样。

他拉起了左边的裤脚管。“我的腿上也有一个。”他指着胫骨上的一道伤疤，“医生说他们取不出来。”

接着他露齿一笑。“上法院的时候还弄得金属探测器乱叫呢。”

随着小艾将往事娓娓道来，他解释说自己从 11 岁就混帮派了。他在 12 岁的时候就经历过好几场枪战。随着大卫和小艾逐渐熟络，他发现小艾显然是想要告别帮派的生活。小艾已经开创了自己的园林事业，而且已经被帮派扫地出门（确确实实是被扫地出门，实际情况可能更糟），并且报名参加了许多有意义的课程，例如让大卫认识他的这一门课。

有一天，大卫问他是什么令他决定要改变自己。

“去年，”他说，“在丹佛这里和遥远的卡利，我总共参加了 11 场不同的葬礼。有的是朋友的，有的是家人的。”

他顿了顿，直勾勾地看着自己的鞋子。

“在最后一场结束后，老弟我仰望苍天，心里想，‘这是不正常的！’我必须做点什么。”

做老师的常常说他们从学生身上学到的东西和他们能教给学生的一样多，甚至还更多一些。大卫深有感触。从小艾身上，他学到了一条无价的原则：你不能激励别人。

小艾已经激励了自己。各人冷暖各人自知。他的一些挑战、价值和担忧是大卫无法理解的。在大卫了解对小艾而言什么重要、该如何帮助他实现他的价值，以及如何帮助他抵达想去的地方之前，大卫无法为他指明道路。

作为老师，大卫也有自己的愿景、自己的价值、自己对未来的规划，这些都是小艾尚无法理解的。作为管理者，你的价值和愿景也很重要。你不应该将它们分而治之。然而，如果你希望人们能伴你而行，那么就必须先与他们为伴，找到对他们而言重要的东西。

· 他们为何成为组织的一员？

· 他们重视什么？

· 他们对未来的梦想是什么？

当你与他们为伴，并支持他们的这些目的、价值和梦想，并同时分享你自己的目的、价值和梦想时，且只有在此时，你才能看到真正的激励。与他们为伴，他们也会与你为伴。

大卫有幸做了两年小艾的老师。小艾成了班上的领袖，能成功发表远远超过 60 秒钟的演讲，还成了社区里一些年轻学生的导师。

释放潜力的更多策略

为了释放出员工的潜力，你必须首先认识到自己不能激励任何人。激励只能来自于员工的内心。你的职责并不是激励他们，而是培养一个环境，将他们内在的激励释放出来。下面还有三种策略，可以用来释放出员工的激励。

1. 进行更深的启发讨论。

当你想要讨论得更深，但又不想错误地逾越任何界线，那么可以选择一些有吸引力的话题。这些话题可以创造机会，帮助你更多地了解你的员工。

你可以从他们的伟大梦想开始。大多数启发式的谈话都关注于接下来可能的步骤，或者 5 年计划之类。你的员工内心还有别的远大梦想吗？他们想要成为什么样的人？他们的愿望清单上都有些什么？能想办法在他们当前的职务中设计一些相关的工作或技能吗？若是为了自己的远大梦想工作，即使还只是在雏形阶段，也是很有激励效果的。

不要激励，而是培养。

到了这个时候，你就可以问，“什么东西能激励你？”尽管提问是一个好的开始，但你也可以通过观察获知许多信息。留意那些可以让对话变得更加深入的话题，它们都是很好的机会。你可以用这样的开场白：“你看起来对这个项目特别热情。它是哪一方面特别吸引你呢？”带着真诚的好奇心和洗耳恭听的态度提出此类问题。你要建立的是开放性和信任，而不是审问员工或者批评他们与你不同的看法。

随着与员工之间关系的加深，你或许可以问问他们害怕什么。这个问题比较敏感，并不适合在刚认识时被抛出来。不过，当你们的关系有所发展之后，审视恐惧和不安可以非常有效地帮助对方成长。当你帮助员工直面并克服恐惧时，将会为其带来自信和能力。

在建立工作关系的开始需要提出，并且在相处的过程中都得反复回顾的一个问题是，“你真正想从我这里得到什么？”在关系发展的过程中不断提出这个问题才能展现出它的效用。随着信赖的加深和员工自身的成长，你很可能会得到越来越多的真实的答案。

下面这个问题可能看起来风险很大，但实则不然：“对你来说什么事情比这份工作更重要？”

我们真的会问员工这个问题吗？会。具体要取决于关系的程度，虽然可能不会说得这么直白，但是准备工作很重要。他们最关心的是什么？他们的孩子？他们的宗教场所？他们的爱好？他们年迈的父母？他们的健康？你需要知道真正重要的东西。只要对此略有了解，你就能如虎添翼地成为一个支持力更强的管理者，让你的员工发挥出更多的能量和生产力。

这些对话会随着时间而发生变化。不要一下子把所有的问题都抛给员工。你应该伴随着关系的成长逐渐地提起它们，这样才能建立起信赖，并了解该如何支持和投资你的员工，而最终你就能鼓舞他们释放出最大的潜力。

2. 让你的员工突破过去。

千禧一代的小东是一名业务熟练的销售代表，供职于一家大型公司的零售店。他给人一种“有点棱角分明”的印象。他“不说废话”的作风虽然天然地契合于创业公司和个体户，但在某些管理人员眼里反而是个烫手山芋。

虽然小东凭借年复一年一流的销售成绩赢得了最高额的报酬和丰厚的假期，但他并不满足。他在夜里继续念书，并成功获得了大学学位。他一直等待着自己的营销业绩超过店里的全职同事，随后便申请了营销经理的职位。

申请被拒绝了。他又申请了一次。还是被拒绝。

他的导师老纪鼓励他剃掉蓬乱的山羊胡子，开始穿正装来上班。他再次提交了申请。这一次，他连面试的机会都没有，只有人力资源部门的一通电话，说他“准备得还不够”。

小东撞了南墙之后，老纪选择了暗度陈仓。她打电话给人事经理杰哥，说自己想要推荐给他一名理想的候选人。老纪不露姓名地描述了小东的情况。杰哥上钩了，请她尽快将简历发过来。毕竟他也不想冒险失去一名如此优秀的候选人。

老纪把小东的简历转给了他。

尴尬的杰哥只好给了小东一个初级职位的机会，比起小东原本申请的职位要低一级。在6个月的时间里，小东就大大超过了同辈，得到了晋升，并且开始将自己成功的秘密传授给别人。

大多数员工都会随着时间逐渐成长。尽管如此，如果一个人在一家公司待了太久，给人的印象就会固化。你一定要帮助你的员工突破过去。

我们见过太多的公司到处寻找理想的候选人，但在请来了新人之后，才发现合适的人才其实一直就在眼前。实际上，我们都曾经是那个人。

要勇敢地看清真正崭露头角的人。

展望那人未来的成熟，并观察开花结果的过程。

做一名支持者。我们很容易以为小东无非只是当时的那个毛头小伙：年轻、过于直率，而且对于公司的背景而言有点太酷了。

如果你的公司都是杰哥这样的人，那么就别想赢得漂亮了，因为潜力都被他们浪费了。在这个例子中，杰哥并不觉得有必要在新的人才身上投资，原因是他已经处于赢的状态了，也就是说，他的业绩数字都不错。他没有意识到自己需要作长期的打算和培养原始人才，从而建立能一直赢下去的未来和吸引人才的好名声。

你是杰哥还是老纪呢？

3. 给员工新的挑战。

有请莱总出场。莱总的博士论文写的是美国切萨皮克湾的条纹鲈的迁徙行为，看起来好像不算世界知名研究机构的首席财政官的最佳人选。

但是莱总的职业生涯却有点“阿甘正传”的味道：他在正确的时间出现在了正确的地方，然后找到了生存之道。从最初参与雷达信号处理工作到最后的首席财政官，他经历过许多各不相同的领导职位，其中还包括帮助领导一支工程师团队建造太空望远镜。

如果你让莱总说说自己的职业生涯历程，他会提到一系列的导师，他们都给了他机会，并向他保证“你能找到办法的”。

当你的员工在当前的岗位做得很好时，有时就会很难接受让他去做别的事情，尤其是一些完全不同的事情。毕竟他现在正处在赢的状态，何必生些是非呢？

如果你想要赢得漂亮，并释放出深层次的潜能，让表现优异的员工和你的组织得到长期的影响，那就需要做一番简明扼要的研究，将她转移到一个让你和她都会略感意外的职位上。要是效果不好，那么还来得及反悔。

莱总（对了，他是卡琳的父亲）最后更多地是在帮助员工，而不是搜寻新人，一部分原因就是他学到了赢得漂亮的艺术：给人才机会，就像其他人对待他时那样。那感觉就像是你刚从飞机上跳了下来，发现自己都不知道原来还背着个降落伞一样刺激，还有什么比这更能激发员工的动力呢？

你的团队中有莱总这样的人吗？

要点贴士

1. 将你的员工的名字，以及你对他们每一个人的了解全部写下来。下面提供了一些选择：

· 他们重视的人

· 他们的爱好

· 他们的生日

· 他们引以为豪的才能

· 他们做的志愿工作

· 他们在工作中感到最投入、最有动力的方面

· 他们在工作中感到不爽的方面

· 他们对自己职业生涯的下一步规划

如果你答不上来，那就去更深入地了解他们，不过要注意界限。

2. 和所有的员工聊聊，谈谈每个人的职业规划。想办法找出三个可能的拓展性项目或任务，让他们挑战一下，提升能力。确认他们接下来的方向和时间表，将至少一项拓展性活动列入计划中。

第13章

MBWA（走动式管理）：构建团队信任的秘密武器

“弄清楚一个人是否值得信任的最好办法就是去信任他。”

——欧内斯特·海明威（Ernest Hemingway）

表现出信任（或者不信任）的并不是你的所思或所说，而是所做。让你的团队信任你的最佳方法就是你去信任他们。信任会带来信任。雇用你信任的人。求得他们的信任。将不值得信任的人踢出团队。让你的团队知道你对他们有着十足的信心。

小强一有什么需要，就特别着急，而且如果这项需求来自于他的老板，那么就可以称得上是十万火急了。有着利用型管理思维的小强认为，如果要获得想要的答案，并确认答案的正确，那么效率最高的方法就是同时把问题发给所有的直接下属，让他们提供需要的信息。

他会等至少有两个人回复，如果答案是一样的，那就把它汇报上去。

由于每个员工都想要讨好小强，所以他们会放下手中的任何工作，争先恐后地去寻找答案。结果他们就会在同一个10分钟内找到负责数据的鲍勃。

鲍勃自然不胜其烦，问，“你知道刚刚已经有三个人来问过这个事情了，对不对？”

“啥，不知道啊。”

在经历了几次这样的鸡飞狗跳之后，他们才意识到是什么情况，顿时群情激愤。

他们议论纷纷，“他为什么要这样浪费我们的时间？他是不是不信任我们？他重视我们的时间吗？”

在发泄了一通怒火后，他们想出了一个应对策略。

当消息发来时，第一个收到的人就去找鲍勃，然后鲍勃将相同的答案发给所有人，接着所有人再转发给小强。

看着清一色的答案，小强意识到自己的做法暴露了。

尽管他们通过行动告诉了小强，他们不喜欢为他做无用功，但小强并没有完全认识到，如此明显地反复验证他们的工作有多么伤人。

我们合作过的另一名客户也遇到了类似的问题。

荣总是一家价值数百万美元的组织的首席执行官。他下达了一条命令，要求所有的采购都必须得到他的个人认可，无论是在预算内的还是预算外的。员工们对此颇有微词，尤其是行政管理团队。他们已经有健全的财政管理跟踪记录了，不明白为什么首席执行官突然对他们失去了信任。

当我们与这名首席执行官讨论这场信任危机时，发现他其实是生怕他们不知道自己的增长目标。“我信任所有人。我只是必须了解现在的情况。”

比起放心让行政员工去解决问题，他选择尝试掌控局面，亲力亲为。他没能意识到在满足了自己掌握全盘控制的需要时，却表现得对员工缺乏信任。

尽管小强和荣总都是无心的，但他们的利用型管理行为依然阻碍了员工的信心和动力。在这两个例子中，都是因为他们的行为表现出了信任的缺失。而且可悲的是这两位经理都觉得自己是信任员工的。

你的同事里有没有小强或者荣总这样的人？他们给你什么感觉？

如何让员工感受到你的信任

仅凭言语是难以证明你对团队的信任的。下面这些行为将帮助你让员工感受到你对他们的信任。

1. 制订大胆的目标。

是的，你的团队可能会有怨言，不过赢得漂亮的管理人员明白，带领团队实现不可思议的结果才是你能带给他们的最棒的礼物。

将目标提高，然后告诉他们，“我相信你们。我清楚这支团队的能力。现在我们只要弄清楚如何做到就行了，一起努力吧。”相信有志者事竟成，从而传达你的信任。

2. 相信他们。

山姆是一家小型非营利性组织的经理，我们发现他在对直接下属的信任方面做得非常好。这家组织致力于确保山林小溪的水质安全。待人热情的有志青年小罗是一支工程师和志愿者观察员团队的带头人。虽然她工作很努力，但她的表现并没有得到团队的认可。他们希望更多地看到她在现场的身影，但她并不知道该如何让他们满意，也感到在自己热衷的事业上并没有产生多大的影响。她来到山姆的办公室，无力地瘫倒在一张折叠椅上，叹道，“我完蛋了。”她说她打算递交辞呈，因为她已经对发挥出自己的能力失去了信心。

山姆大吃一惊。她可是明星员工之一啊。他竟然没有让她建立起这样的自信吗？山姆并没有接受她的辞呈。

“你可能已经对自己失去了信心，但是你有一个问题。”他说。

“我吗？什么问题？”

“我依然相信你。你可以放弃自己，但别指望我会放弃你。”

当然了，这段对话只是个开始。最后山姆还引导小罗以更均衡的眼光来看待自己的成就，并为继续她的重大事业而建立必不可少的信心。

相信员工的能力，从而传达你的信任。

3. 邀请他们与你同行。

在卡琳初入职场时的第一批老板中，有一位盖总，她会带卡琳参加高级经理的会议，还表示“没有人能比她解释得更清楚”。当然了，这是言过其实了。盖总自己的解释能力就称得上天赋异禀了。但她信任卡琳能把事情做好，并安心地将聚光灯让给了她。

有许多老板都不敢给团队这样的机会，实在是令人费解。

与员工分享舞台，从而传达你的信任。

4. 承认你不知道的东西。

当你承认自己并不通晓所有的答案时，就是在表达你对团队的信任。将你的顾虑托付给他们。你会惊讶地发现当你将自己的疑问托付给员工时，它们都能迎刃而解。

不摆架子，从而传达你的信任。

5. 鼓励他们自己开会讨论。

表达你对团队信任的一个好办法就是拿出一个复杂的大问题，让他们群策群力解决它。别忘了定义好成功的标准。将任何他们需要参考或者你需要告诉他们的信息、标准和数据都提出来，以免他们白费力气。

站在一边，从而传达你的信任。

6. 说出来。

这一条看上去可能没什么花头，但的确很有效。你能体会在听到“我真的很信任你，因为……”时的感觉有多么美妙吗？

告诉他们原因，从而传达你的信任。

7. 纠正和继续。

如果某个员工搞砸了，那么你就该跟她谈谈，帮助她吸取教训，然后继续前进。大度点，从而传达你的信任。

信任激发动力

小布是一家零售商店的主管，他们的公司文化是“眼见为实的信任”。也就是说，他和等级比他高的每一个行政人员都应该经常出现在店里，从顾客的角度感受实际的情况。

在店门入口处有没有鸟窝，有没有可能鸟屎会落在顾客的头顶上？顾客是否能及时地得到服务？商店看上去是否有吸引力，灯光是否明亮，一切是否都整装待发？员工是否都了解最新的商品和服务？店面经理能否说出关键的举措和改进的方法？

毫无疑问：如果知道随时可能会有行政人员到店视察，那么每一个人都不会偷懒。这样的店铺自然就更加整洁，客户服务也因此而更好。

当然了，这样的督察方式一定会带来很大的压力。大家一般都会觉得“来者不善”，只要没有挨批就万事大吉了。

这就是为什么小布想到了一个办法来改变大家的感受。

每年夏天，不同于平常的店铺突击检查，小布会租一辆厢式货车，贴上公司的商标和有趣的画面，驶上为期一个月的店铺访问之旅。

走访的日程都是提前公布的，并且有一项重要规定：只带给员工积极的反馈、庆祝和乐趣。

如果发现了有什么地方不对，小布会私下提醒经理注意。如果只是件很小的事情，例如广告牌的电源没插好，他会趁没人注意的时候自己动手插好它。

这些走访的目标很明确：找到做得好的地方。他会做好功课，在来之前就认识每一名员工，并准备好感谢的话语。

他的营运经理会一路随行，给每次走访都留下大量的相片。每天晚上，他们会制作一组欢乐的拼贴画，并标出每个人的名字和当时的情况。整个地区的员工都会在那天晚上收到这张电子邮件“明信片”。

尽管其他店铺的主管都取笑说小布这是“爱的巡游”之月，但小布信心十足，并不在意这些嘲讽。

事实情况是，员工们都喜欢这份爱。

业绩在那段时间突飞猛进。员工们都想要在巡游车停在他们店门口时表现出最佳状态，于是，可以想象，你再也看不到门口的鸟巢了。一切都干净整洁，准备迎接顾客的到来，而且员工们也都对最新的产品和服务一清二楚。

这些预先计划好的走访让每个人都核对了自己该做的事情，并回忆起了一家优秀的商店应该给人什么样的感受。这比“抓到你了”的突击检查要有效得多。当然了，在其他时候，小布依然必须时不时地到店里去看看。赢得漂亮需要让员工负起责任。不过这种爱的巡游有助于提醒员工他们的能力可以有多强，并让小布有机会对他们说一声“谢谢”。

你的团队里有没有需要一点爱的人呢？

信任你的员工能把事情处理得当，他们不会让你失望的。

听起来很简单，不是吗？但我们知道有许多管理人员都还停留在笨拙的走动式管理（MBWA）。我们鼓励你多与下属交流，并且在这一过程中避开下面这些常见的陷阱。

为什么 MBWA（走动式管理）会变成 OCHTC（“妈呀，他们又来了”）

当大卫的女儿从城市动物收容所领养了她的爱猫“小星星”时，他们带着它到兽医那里做了体检和接种疫苗。在临走之前，兽医建议他们不要在带它去动物诊所的时候用猫箱。

“要是让它把猫箱与动物诊所联系起来，你们就有的苦了。从它们的眼里看来，动物诊所里的猫都不会经历什么好事。”

尽管兽医提了这样一个好建议，但大卫并没有认真遵守，结果小星星就变得讨厌猫箱了。当它看到有人提着猫箱过来，就会嘶嘶叫着扭头而逃。

当员工看到你走过来时，是什么反应？

多半不至于嘶嘶叫，但很可能会扭头而逃。这就是“妈呀，他们又来了”（OCHTC）的情况，因为他们看到你只能想到坏事。

我们认识的大多数采用走动式管理的人都是出于好意：他们想多露露脸，想证明自己的投入，想巩固重要事情的优先级，想查看他们的期望是否得到满足，也想帮些忙。然而，糟糕的执行让这些崇高的目标带来了事与愿违的结果。

1. “抓人”游戏。

如果语气欠佳、观点有失偏颇，那么所有的“有帮助的提醒”都会给人一种“抓到你了”的感觉。尽管指出可以改进的地方，并辅以相关背景并分享一些最佳的实践经验固然很好，但你的态度一定要去寻找积极的方面。

我们见过许多管理者只关注各种各样的错误的小事，而把对的事情当成理所当然。如果你是这样做的，那么最好还是乖乖坐在办公室里，以免出去影响长期的结果。

2. 匆匆路过。

你到店里只是在大家面前露个脸，没有花时间与任何人有实质性的交流。这种匆匆路过的巡视会给人一种完成任务的感觉。同样不具建设性的行为是露个脸，然后就钻进办公室里，关起门来打电话。你得花点时间四处走走看看。

3. 过于精心的准备。

在提前知道你要来访时，员工们东奔西走地把所有的东西都打点妥当。即使你觉得自己崇尚的是一切从简，也得观察一下员工们在准备时花了多少力气。

如果你的职位是中层或者行政管理，那么这一点就尤其重要了。

如果店铺的经理在你来访之前开始十万火急地大扫除或者订购特殊的食物，那么这会给第一线的员工传达非常糟糕的信号。对于员工而言，整洁的工作环境每一天都很重要，而不仅仅是你到访的那一天。

4. 巡回演讲。

走动式管理的重点在于倾听和了解。虽然重申关键事项的重要性肯定是有益处的，但你要确保自己认真倾听了大家的想法和顾虑，并询问他们自己能做什么来提供最大的帮助。仔细倾听、记好笔记，并与那些提出想法的人保持联系，跟进情况的变化。

MBWA的秘密武器

说到这里，我们就想到了莫总。她是一位强大、硬朗而内向的高级副总裁。虽然走动式管理并不符合她的个性，但作为一名优秀的领导者，她充分地了解用好走动式管理的价值。

如果本地管理团队愿意，她就会让他们在员工的工位上设置五颜六色的标志，挂上代表他们成就的氦气球，例如黄色气球表示全勤，红色气球表示本年内获得了新的学位或者证书，而白色气球表示他们超额完成了目标。她还请团队发挥创意，加入一些有意义且贴近个人的气球，例如家中添丁。

于是，在实地走动时，她可以立刻找到谈论的话题。她的贺词能够轻而易举地击中员工所完成的工作和他们最需要帮助的地方。而且，她的走访就像是一场令人激动的团队庆功会，而不仅仅是让所有的事情合她一个人的心意。

你的目标是文化，而不是猫箱。OCHTC能帮助你取得暂时的胜利，这是毋庸置疑的。但如果你想要赢得漂亮，那么就应该建立起信任的氛围，并对下属给予合理的关怀。MBWA是一种强有力而且重要的方法，既能建立信心，也能博取团队对你的信任。如果做得好，结果将会是天壤之别。花点时间做好这一点吧。

信任对话

你的团队是否存在信任危机？你是怎么察觉的？讨论信任的话题并不是一件容易的事情。当你想要赢得漂亮，并准备与团队来一场深入的信任对话时，下面这些方法将让你如虎添翼。

1. 与你的团队约好一个小时左右的时间，采购一沓便利贴，再带上一块画板和几支记号笔。

2. 让每位团队成员写下他或她眼中自己最值得信赖的特质，每张便利贴上写一条（例如，设定明确的期望、说真话、后续跟进）。他们想到多少例子都可以写出来。不要跳过这一步，因为自省是这一过程中的一个重要部分。

3. 请每个人在团队面前分享三条自己最值得信赖的特质。此时大家可能会自发地进行一些讨论。让大家把意见说出来。

4. 让每个团队成员将自己的便利贴贴到墙壁或者白板上，然后动手将它们按相似程度归类。

5. 找出每一组的主题，将它们写在画板纸上。

6. 有意思的来了：让团队设计出一个理想中的值得信赖的团队成员。一开始可以只是一个贴上些标签的火柴人，不过你可以鼓励团队发挥创意（例如，真诚的眼神、能举起重物的强壮臂膀、透明的心），给这个小家伙起个名字（例如，郝新来）。

7. 为了让对话继续下去，你需要请一名有艺术细胞的团队成员（或者在网上聘请外援）为你们的理想中的值得信赖的团队成员赋予漫画形象（加上突出其特质的标签）。把这个漫画形象印成小卡片，分发给员工们。

8. 当团队聚在一起开会或者开展其他活动时，找机会评选出一个赢得“郝新来”奖的人，并归纳原因。这是个很好的方法，能让大家提名并指出为团队提供帮助的值得信赖的行为。团队成员可以进行非正式投票，选出一名获胜者，那么“郝新来”的奖章就会在下次投票之前一直挂在他或她的工位上。这种方法同样适用于虚拟团队，只要拍一张照片，然后通过电子邮件发给大家就行了。

要点贴士

1. 你如何（具体的行为）向团队表达你对他们的信任?

2. 回忆某个让你感到上司确实信任你的时刻。你是如何察觉的? 那感觉怎么样? 在你的团队里有谁值得得到这种程度的信任?

3. 找出一个你正面临的管理方面的具体挑战。你能够如何解释问题所在，并与团队分享，从而获得他们的意见并共同解决问题?

第14章

3步打造解决问题的忠诚团队

“任何问题都抵挡不住持久思考的进攻。”

——伏尔泰（Voltaire）

在发生问题的时候，造成莫大破坏的往往并不是问题本身，而是它对员工信心的打击。为员工提供支持的最佳方法就是帮助他们从糟糕的“上一次”中回过神来。

- “我上次给别人提意见的时候，把他弄哭了。”
- “我上次对老板实话实说的时候，被狠批了一顿。”
- “我上次向高级管理层报告的时候，紧张到都忘了要说些什么。”
- “我上次加班赶报告，结果他们根本就没有看。”
- “我上次面试结束之后，才知道那个职位早就已经决定好其他的人选了。”

上一次的记忆可能让你的这一次还没开始就已经结束了。在本章中，我们将提供一些具体的方法来建立和重建员工的信心，令他们的表现回到最佳状态。

即使是那些平常信心十足的人有时也需要得到一些额外的支持。

在考潜水证的最后一天，卡琳在距离加勒比博内尔岛的湛蓝海面18米深的海中暂停了呼吸。其实氧气还没耗尽。但是纯粹的海水在转瞬之间变得一片漆黑，冲入了她的肺部。

惊慌失措的她向潜水教练小司打出信号，“上升！”他露出疑惑的表情。接着她更加激动地发出信号，“我现在需要上升！”

他检查了她的装备，不解地看着她，然后平和地打手势说，“不行”。

这下她变得更疯狂了，使劲地踢动双腿向上游去。但小司将她的上浮装备的气放掉了，让她留在水中。如果上升得太快会造成机体受损。他冷静地打手势说，他们会一起慢慢地上浮。

卡琳的丈夫和儿子看傻了。卡琳是曾经当过救生员的游泳健将和三项全能运动员，为什么会如此惊慌?

小司很清楚，面对卡琳的惊慌，他的反应事关重大。他也知道，如果一个人在距离岛屿很远的地方潜水时手足无措，那么就有可能会与证书无缘了。他在水下和水上的反应会带来截然不同的结果。

有的时候，该做的最重要的事情就是立刻插手，控制局面。尽管这是必要之举，但并不意味着就万事大吉了。小司保持着冷静的头脑，安抚卡琳，让她相信自己一直在旁边保护她，不会让她淹死。许多管理人员可能都到此为止，或者接管下来，等到紧急情况过去以后紧接着就是一通关于“工作契合度”的谈话。

在他们回到岸上之后，小司的一番话展现出了他对领导能力的更深刻的理解。小司先是在坐船返回的路上给了卡琳静静反思的时间，随后轻声地问了许多问题，了解当时的状况。她是从什么时候开始感觉不适的？那是种什么样的感觉？是否存在氮气麻醉的迹象？这是会让潜水员产生醉酒感的一种不太常见的副作用。毫无疑问，如此剧烈的反应一定是有原因的。在能提供帮助之前，他首先需要了解得更详细。

然后，他安慰卡琳说她的能力没有问题。“卡琳，你已经掌握了所有的技巧，并充分展现了出来。你了解所有的备用应急程序。你知道该怎么做。”

接着，他给了这个问题一个新的定义。“现在最大的风险在于，你会害怕自己害怕。从前你并不害怕潜入深海，那么现在又哪来的理由去害怕呢，除非你觉得自己会失败。”

接着，在许多管理人员都早早中断的环节，小司却接着直言不讳。“我知道你能做到，也想给你证书。但如果你再次惊慌失措的话，我就没办法了。”信心不足会带来严重的后果。小司知道不可以冒险让她陷入会伤害自身和他人的局面，而且他不仅仅是这样想，还说了出来。在吐露实情之后，他才在最后鼓励她。“你已经准备好了。让我们再试一次。”

他们再次出发了。第二次下潜为卡琳带来了她的证书。而这张证书又为她带来了美好的一周，她在岛屿周围四处潜水，包括一些遥远的区域。没有恐惧，只有乐趣。

帮助员工重建信心

在坚守岗位、精力充沛的高产员工和无精打采、遭到淘汰的人之间，根本区别往往都归结于信心。你可以利用下面的方法来帮助下属重建信心。

1. 承认现实。

如果上一次的确是一场彻头彻尾的灾难，那么你们就要承认事实。如果你说“没那么糟糕”，但其实糟糕透顶的话，你的话语就失去了可信度。如果他们妄自菲薄，那么可以拿出一些实证，帮助他们从另一个角度来看待过去。记住，赢得漂亮的管理人员都会说真话。

2. 分解分析。

问些问题，帮助他们了解上一次出错的根本原因。大多数情况是，有些地方做得还是对的。当你知道错在哪里时，改进起来就容易多了。

3. 总结当时情况的不同点。

他们可能觉得自己是在重蹈覆辙，但事实是，上一次的情况在许多方面来看都有所不同。花点时间寻找现在与过去之间，或者这件事与那件事之间的区别。

4. 为学到经验而感到高兴。

帮助他们想到从上一次的经验中学到的东西。问他们，“这次你会有什么改变？”（注意这个问题的措辞，要假设他们还有再次尝试的机会，并帮助他们认识到这份经验教训能让他们有所改进。）

5. 帮助他们准备对策。

在这一次创造胜局的最佳方法就是帮助他们做好充分的准备。通过提问来促进他们生发出更优秀的主意，并帮忙创建一份强有力的策略。要想赢得漂亮，你需要让员工始终对自己取得成功的能力胸有成竹。看看周围。你的团队中是否有人紧张得大气都不敢出？你能怎样来激发他们的信心呢？

培养解决问题的风气

你是否希望员工能更主动地承担解决问题的责任、独立想出方案，并时不时地在你不知道的时候把问题搞定？

如果员工解决不了问题，那么管理的文化很有可能也是问题的一部分。有些取悦型和玩家型的文化会打击创新：新的想法不得不突破令人窒息的官僚主义层级，才能得到一次尝试的机会。或者在利用型管理者的手下，一丁点的失败都会招致毁灭性的嘲笑和批评。不管是在哪一种情况下，你都无法得到多少革新或创意。因为它们根本不值得员工去尝试。

即便你的公司属于保守派的，你也可以凭借区区几个步骤，创造出赢得漂亮的文化，催生出创新和解决问题的风气。

当万维网刚开始走进学校和图书馆时，大卫正效力于一家非营利性的教育机构。他觉得老师们可以带领学生参加一个很有意思的创意研究项目。

然而，这些教职员工对于计算机并不怎么精通，而且大卫进入该组织也只有几个月的时间。这点时间并不足以让他建立起足够强大的关系资本，在公司内部推销自己的想法。幸运的是，大卫把这个想法告诉了行政副总裁吉总，从他的口中说出了每一个萌生了解决问题念头的人都想听到的话："让我们试试看吧。"

吉总指导大卫进行了一场小型演示会，然后让一两名有冒险精神的老师作为早期的试用者接触这一项目。经过了第一次试运行以后，大卫发现了精简项目的方法，并将其改造得更为友好易用。后来，又有几名教职员工运用了他的项目，而大卫在组织中的威信也得到了提高。

许多年后，吉总的话已经帮助了大卫和其他数以千计的年轻人。在 2008 年到 2011 年的经济大衰退中，他领导了一个服务于年轻人的非营利性组织。如果你认为大衰退让非营利性事业的日子变得更加困难的话，恭喜你猜对了。正如无数其他依赖于捐款的组织，大卫的非营利性组织的募资收入也跟随着经济的漩涡遭到了压缩。

然而，就在同一时间，这家非营利性组织却成功地让服务的客户数量提高了近一倍。这是怎么回事呢？

可不就是因为大卫的一些好主意吗？

在距离大衰退的两年前，他的一名团队领袖老曼到办公室来找他，“大卫，我和我的团队有个想法。”

他将这个想法解释给了大卫听。当时大卫考虑了一下，觉得基础设施还不足以支撑这个概念。要将这个想法推广开来的话，将需要给员工做更多的培训、对人事和资源进行更多的投资。追求这个想法可能会影响他们对核心活动的侧重。不过，这个想法与他们的非营利性组织的使命非常契合，而且有很大的潜力，能为更广大的年轻人提供他们所需要的帮助。

你会怎么做呢？

就在那个时候，大卫的耳边响起了吉总的话。“让我们试试看吧！”他说。“从小规模做起——只在一个地区实行。看看效果怎么样。”老曼和他的团队照办了。他们在这个地区学到了很多经验教训。接着，他们将其铺设到了另外几个地区，并对于改进的方法有了更加全面的认识。后来，就在大衰退开始的时候，他们将这一计划推广到了整个组织中。

最后，在严酷的经济环境之下，老曼和他的团队成功地将自己的力量传递给了更多的客户。

要想建立起能培养创新和解决问题的风气的文化，你需要实施这些步骤：

1. 扫清尝试的障碍。

如果有人给你提出一个想法，而你过去已经尝试过了，请不要一口回绝，“我们试过。没用。”

试着换成这样的邀请：“谢谢你与我们分享。我们去年试过类似的想法，结果发现有这样一个问题……你可不可以考虑一下这方面，看看能否想出什么办法来解决呢？我很期望你的答案。”

2. 从小规模做起。

技术行业的一大特点就是“最小可靠产品”的发展方法。如果要测试一个想法，并学习如何加以改进的话，最简单的方法是什么？动起手来，获得反馈，然后改进。

3. 奖励行为，而不只是成功。

这很重要。当你要求人们解决问题时，其实就是在要求他们冒险。他们的解决方案可能行不通。你会作何反应？你是感谢他们的尝试，还是对失败的努力怒目而斥？

要想建立起培养创新和解决问题风气的文化，一定要奖励人们的努力。说出你的谢意。为那些没能成功的优秀想法提供奖励。

你可以对直接下属提出这样一个最为有效的问题：“我能帮你什么？”第一步是提出问题。第二步是通过不仅能帮助你赢，而且能赢得漂亮的方式来回应员工。

作为一名管理人员，你站在一个独一无二的位置上，能通过他人无法效仿的特殊方式来帮助你的团队。如果你不问他们自己能帮到什么，他们可能就不会开口。这并不意味着你要亲自动手，替他们完成任务，这样做或许能帮助你取得暂时的胜利，但无法建立起长期的竞争力和长时间地维持成果。你应该做的是：

a. 确保你的员工具备的技能和装备能让他们发挥出效力

b. 扫清成功的障碍

c. 发展他们担负责任和解决问题的能力

从我们的经验来看，最令管理人员头疼的是第三条：发展团队担负责任和解决问题的能力。当一名员工苦于寻找自己的解决方案时，大多数管理者都会采取下面两种对策之一：利用型管理者会发火，而取悦型管理者会提供解决方案，亲自动手来“帮忙”。不幸的是，这两种对策都无法给你带来期望的结果：你的工作量增加，团队担负的责任转移到了你的身上。

如果你用生气来回应，那么他们就再也不会打扰你了。他们也会对你感到愤恨，开始做事拖拖拉拉，而不去解决迫在眉睫的问题。如果你上演英雄救美的戏码，带着答案来救火，那么当下的问题可以得到解决，工作能继续进行。但是等下一次又出现问题时，你的团队依然无法自食其力地解决，而且更糟糕的是，你已经告诉了他们，如果碰到困难，你就会来帮他们化解。他们可能对你感恩戴德、敬爱有加，但是并不能学会如何去做。

你的团队真正需要的帮助并不是让你去责罚他们或者替他们解决问题。在这些时刻，他们真正需要的是你提出的问题。

有益的问题的力量

赢得漂亮的管理者能问出一些好的问题，提高团队独立思考和解决问题的能力，从而为自己节省出时间。通过一两个好的问题，你就能迅速地将话题转交给负责具体问题和分析潜在解决方案的员工。但是，并不是所有的问题都能称得上是好问题；有的问题可能会适得其反。

糟糕的问题就是寻找“背锅侠”和踌躇于失败，而且言下之意都是“你这个白痴！”举几个糟糕的问题的例子：

- 是谁搞砸了？
- 你为什么要这么做？
- 你在想什么？

与此相反，赢得漂亮的问题关注的是经验教训和面向未来的想法和解决方案。例如：

- 你的目标是什么?
- 你是怎么尝试的?
- 发生了什么情况?
- 你从这一次当中学到了什么?
- 你下一次会怎么做?

假如你的员工具备了完成任务所需的基本的技能、培训和材料，那么这样的对话并不会花费几分钟时间。

但是如果对方用“我不知道”来回答你的某个问题时，该怎么办呢?

“我不知道”的意思可能有很多种。但绝大多数情况此人对于这个问题并不是完全没有想法。比较常见的情况是，“我不知道”其实是说：

- “我不确定。”
- “在我确认你的立场之前，我不想做出任何承诺。”
- “我还没有考虑好。”
- “我不想去考虑。”
- “你能直接告诉我该怎么做吗？”
- “我害怕会搞砸。”

在碰到“我不知道”时，赢得漂亮的管理人员会将对话继续下去，缓和对方的焦虑情绪，并引导他将注意力放在问题上面。这里就该接上额外的问题了。只要再问一个问题，你就能让对话的对象重新回到问题上面，并跨过“我不知道”，进入产出的阶段。

当别人说“我不知道”时，要问：“如果你知道的话，可能会怎么做呢？”

当别人说“我不知道”时，你的额外的问题应该是：“如果你知道的话，可能会怎么做呢？”

这是个神奇的问题。

根据我们的经验，这个两秒钟之前还踌躇不定的人马上就会开始分享他的想法、头脑风暴出一些解决方案，并且像是从来没有遇到障碍一样自由发挥。只有真的尝试过你才能体会到这招有多么神奇。

这个额外的问题之所以有效，是因为它触及了对方这句“我不知道”的源头。如果他感到焦虑或者恐惧，那么这个问题会创造一种假设的场景，从而卸除他的压力：“如果你知道的话，那么……”这个时候，他就不再需要确认或者寻求你的肯定，于是能将自己的想法畅所欲言。

如果他没有考虑过这个问题，或者不想要考虑，那么这个问题就让他认为必须耗费在思考上的精力减少了。你要的并不是关于这一主题的完整理论，而只是根据“你可能会怎么做……”而展开的一场讨论。

在移除了情感上的阻碍后，我们的头脑就能完成惊人的成就。当你在团队中运用这一方法时，就可以训练他们的头脑去思考问题、去跨越他们正常情况下的阻碍，并提高他们的业绩。

到最后，他们将能够自己完成这些讨论，只有遇到非常严重的问题时才需要找你帮忙。

如果有团队成员告诉你说，“我之前有个问题。我当时想要找你聊聊，但后来想了想，你肯定会问我这些问题的。于是我就自问自答了，结果就想清楚了。”那么你就知道自己成功提出了有益的问题。

这些都是能适用于几乎所有情况的基本商业辅导问题。当然了，除此之外还有许多其他神奇的赢得漂亮的问题。你可以从下面这些开始做起：

针对关注度的问题

· 有没有什么事情可以让你更容易地有效完成任务？
· 我能如何帮你提高工作的效率？
· 对于在这里工作，你感到骄傲或者无法感到骄傲的地方是什么？
· 你的工作中最令你关注和最不令你关注的部分是什么？

建立解决问题的信心的问题

· 你目前在考虑什么选择？
· 你觉得好处和坏处是什么？
· 你觉得应该怎么做？
· 这里面最复杂或者困难的地方是什么？
· 在过去相似或同类的情况下，你是怎么做的？
· 对于这一情况，你最大的一个疑惑是什么？
· 你觉得什么样的经验能对这一情况起到帮助？

帮助重整旗鼓的问题

· 有什么事情对于你而言非常困难，但又能切实地提高你的效率？
· 我现在可以帮到你什么吗？
· 你现在需要什么样的人手或者资源吗？

在启动新项目之前应该提出的问题

· 这个项目为何重要？

· 我们为什么要这么做？为什么现在做？谁能收益，他们最需要的又是什么？它的成本有多少，为什么值得投入？

· 成功是什么样的？我们如何衡量自己的成功？我们要采用什么样的过程衡量方法来确保自己没有偏离方向？

· 我们还必须找谁加入？我们需要谁的帮助才能成功？谁是应该尽早入伙的关键人物？

· 我们如何交流？我们要使用什么在线协作工具吗？我们多久开一次会？我们会面对面、通过电话还是通过视频开会呢？

· 这个项目与正在进行中的其他工作有什么关系（在这一阶段，宁可放慢节奏确保没有重复的工作，更不能有相互冲突的工作，才能加快整体的进度）？我们从其他做过类似工作的人身上能学到什么（同样，花点时间吸取他人的教训是值得的。突破性进展几乎总是来自于对前人工作的改进。一定要弄清楚这一点。放慢节奏，打好基础，明确谁来负责什么工作，以及每份工作在大局之中所起到的作用，才能加速完成后续的工作）？

· 谁来做什么事情，在何时之前，我们如何确认（太多的项目团队都草率地进入行动计划阶段。提出之前的这些问题可以帮助你保证计划的有效性）？

提出这些问题，并帮助团队给出适当的回答。很快你就会发现，团队解决问题的能力已经提高了，你也省出了更多的时间专注于自己的工作，而且，当你鼓励那些掌握了关键思维方式的员工通过这些问题帮忙指导其他人时，也释放出了他们的领导力潜能。你不仅在赢，而且赢得漂亮。

要点贴士

1. 你的员工有因为恐惧而止步不前的吗？通过什么方法能最有效地帮助他们建立更强大的勇气？

2. 与每个员工面对面地提出“我能如何帮你？”访问 www.WinningWellBook.com，下载一份小讲义，用它来指引你完成这样的辅导对话。

3. 提出一些我们在本章中讨论的建立信心和项目预启动阶段的问题。

第 15 章

大局观：翻倍你的团队生产力

“在做小事情的时候，你应该心怀大局，这样才能让所有的小事都朝着正确的方向发展。”

——阿尔文·托夫勒（Alvin Toffler）

在管理能力培训项目中，传达大局观这种技巧常常会被人忽略。毕竟思考全局应该是总经理的工作，不是么?

错了。每个人都需要知道所有的小事是如何拼接起来的，自己的位置，以及自己的工作有何影响。在这一章节，我们会分享几个小秘密，教你如何将团队与更宏大的使命连接起来。

在 16 岁时，大卫告诉他爸爸，他想要当一个素食主义者。

“太棒了！”爸爸的反应很激动。他从沙发上蹦起来，在文件柜里找出了一些旧杂志的摘录和几份营养指南。

他的爸爸是个素食主义者。在他给大卫找出来的文章里，讨论了平衡氨基酸和其他营养物质的方法。大卫研究了这些文章，开始吃起素来。他开始严格践行素食之道。

持续了三天。

所以，当大卫 16 岁的女儿对他说“我要开始吃素了”时，你可以想见他会有什么样的反应。

她一直坚持自己的信念，到今天为止，已经好几年没有吃过一丁点肉了。

你认为在大卫草草收场的实验和他女儿持之以恒的生活方式的改变之间，区别在哪里吗？

我们先来说说大卫。你觉得他为什么想要做素食主义者？

你可能会说那是因为他想要学习父亲。

不对。

答案很简单，他叛逆的青春期大脑告诉他，当素食主义者或许能在一定程度上帮他约到妹子。

现在我们把他肤浅的动机与他女儿的理由做个对比。他女儿想要过一种可持续性更强、影响程度更低的生活方式，也就是说她不想对其他有知觉的生物造成伤害，而且想让食谱更加健康。

他们两人在行为上的区别归结于一点：他们做事是为什么。

女儿的“为什么”是深刻的、有力的且持久的。大卫的则是浅薄的、短暂的，而且能通过其他方式轻松实现。

接下来思考一下你要求下属做的事情。

你脑中刚才浮现出来的活动，就是他们的“什么”，即报告、电话、会议、制造、客户服务、计划、计算，诸如此类的我们做的各种事情。

虽然“什么”固然重要，但是重点来自于一个更深刻的问题：“为什么？”

实际上，这个问题极其重大，充满了生命、能量和潜力，以至于我们可以胸有成竹地说，这是探讨团队时最最重要的一个问题。

这并不是什么高深的形而上学或者哲学上的两难问题。这是每个团队成员都需要有能力回答上来的一个最为实际的问题。

简而言之：他们为什么在做手上的这些事情？成功的管理人员都能将“什么”和“为什么”紧密结合起来。

如果你看过1967年的经典电影《铁窗喋血》（*Cool Hand Luke*），保罗·纽曼（Paul Newman）在里面饰演戴着镣铐服刑的囚犯，那么你一定记得挖沟的那场戏。

狱卒们强迫卢克（Luke）不断地将同一条沟挖开再填上。这种毫无意义的劳动的目的是击溃他的精神。当你无法将“什么”和“为什么”联系起来时，就等于判罚你的团队去做行尸走肉般的苦役。

你的员工是否在做些与真正的意义或目的无关的事情呢？

如果是的话，可能出于这两种原因：（1）他们不理解工作背后的“为什么”，或者（2）并不存在合理的“为什么”。

没有“为什么”的“什么”是一种浪费。它们浪费时间。它们浪费精力。它们浪费你的人手。

每个人进行的每一项任务都应该服务于团队、工作集体和组织的使命。否则的话，你就需要挑战它、重新审视它，并找到一种更好的方法，或者干脆把这项任务清除掉。

当你说“我认为这是重要的，原因在于……”时，就带来了澄清、希望和目的，同时也创造了机会，让别人可以挑战你的信念，这可能恰好就是展开一场有意义的对话的契机。

每个人进行的每一项任务都应该服务于团队、工作集体和组织的使命。否则的话，你就需要挑战它、重新审视它，并找到一种更好的方法，或者干脆把这项任务清除掉。

不然的话，你就给团队的灵魂判了死刑。

加倍生产力

“赢得漂亮”并不要求你当一个穿着西装的啦啦队队长，挂着虚假的笑容拼命喝彩。明眼人要的激励并非如此。激励来自于将人们与意义、目的和各自取得成功的能力连接起来。

其实，你只要每个月花上 5 分钟的时间就可以激励下属并提高他们的生产力，方法很简单：让他们思考各种各样的“什么”，并回答，“我们为什么要做这些事情？”

别把这件事情当成考试。把它当成一种相互的探索，一个让所有人共同发现事物重要性的机会。

在短短 5 分钟的时间里，你会释放一种焕然一新的使命感，而大家也都会坐直身体、面带笑容，对自己手上的工作心怀骄傲。有的时候，参加这一活动的人甚至会在重新发现工作意义的时候当场哽咽。

如果你不喜欢找到的这些答案，那也没关系。如果你的“为什么”都是围绕着自己（例如，“我是为了更多的金钱、权力或者声望才做的”），那么确实得留个心眼了。

别人可不是傻瓜。

当一切都是为了你时，他们就会怀疑你是个利用型管理者，可以想见，他们自然只会做些不得不做的事情。在工作有意义的时候，人们才能做得最好。尽管组织中永远都存在些自私自利的行为，然而并不会有人真的会把老板当作英雄而士气大增。

如果你认真审视了自己主要的“为什么”，发现答案都很肤浅、无趣，而且缺乏热情的话，就采取下一步行动吧。你能在何处找到意义？这份工作为何重要？它对大局有什么贡献？如果答案是否定的，那么是否可以想办法清除这些任务？

从“为什么”开始，随后一定要让团队的工作切实地融入到大局之中。

你拍到吉他了吗?

卡琳许诺说会在念高二的儿子最近的一场军乐队表演中帮他拍照片。她快步冲进了停车场，抓起相机，把高跟鞋朝后座一扔，接着从长满青草的山坡上跑下来。

还好，在围绕着足球场的跑道的那一头，军乐队才刚刚开始列队。太阳正在西沉，此时的光照正合她的心意。

她支起三脚架，调整了长焦镜头，拍下了几张不错的照片：行进圆号展现出优美的侧面曲线，再加上几张面部特写，她甚至还精心拍下了同学们的倩影。

她马上回家把这些照片上传到 Photoshop 上，在儿子回家之前就仔细修了片。当儿子开门而入时，她骄傲地把幻灯片放给他看。

“妈，你拍到吉他了吗？”

“啊？本，你是吹行进圆号的呀。”

“妈，乐队的行进方阵可帅气啦。它就像随音乐舞动的一把吉他。你拍到了吗？”

“哦，孩子，我没拍到。”在思考事后这会成为一个很好的管理学案例之前，她已经完全错过了大局。

同样的事情也发生在团队身上。

丽萨是一个大规模的六西格玛评估项目的项目经理。电话响了，是其中一个经理打来的，他叫阿提。“丽萨，你还记得你让我跟的那个项目吗？是这样，所有的节点都按时完成了。信息部、人力资源部、运营部，每个人都按要求交付了，可是结果却依然糟糕透顶。”

虽然从书面上看，项目的状态很好，但是结果令人失望。

大局一团糟。

他最后说道，“我们已经不能把它当作项目来看了。我们需要后退一步，想清楚需要干什么。”

阿提说得没错。

我们为什么会错失大局

有的时候，我们离具体的项目太近，太亲力亲为。孤立地看待项目是有危险的。我们之所以错失大局，原因是：

- 照搬模板
- 更关注任务，而不是根本原因
- 没有提出显而易见的问题
- 盲目地听从指令
- 害怕承认行不通
- 相互之间没有交流
- 没有正确的计划
- 计划中没有建立起正确的评估标准
- 过于关注执行
- 赶工

为什么管理人员会忘记把一件件小事连接起来

如果你的大局观传达得不好，可能是出于下面的原因之一：

你并不完全理解它

面对事实：大局有时是很朦胧的。可能因为变化来得太快，导致跟不上。也可能有许多闭门造车的行为，以至于跟火线上发生的事情根本对接不起来。

如果你受命要求下属做的事情似乎没什么道理，那么一定要提出正确的问题，确保它们对你而言是有意义的。如果你自己都灰心丧气、困惑不解，那么整个团队都会有所感受。首先你自己要把事情弄明白。当这么做存在政治上的阻力，或者你需要澄清的问题让老板感觉受到冒犯或者有所保留的话，可以试试把这些问题转换成对他或她有帮助的形式。例如：

“我明白你需要我们做‘什么什么’，我们会搞定的。我还想要确保我和大家都能完全理解‘什么什么’的重要性。你能帮我解释一下它在大局当中的作用吗？这样我们就能把事情做到位了。”

如果答案依然站不住脚，那么就得恭恭敬敬地明确提出你的疑虑。你的观点可能是老板尚未考虑到的。如果想更多地了解如何面对不好对付的老板，请参阅第 22 章。

你做事情的时候依赖于其他人

你知道自己的团队已经听了至少 4 遍“朝 6 项全能努力”了。即便他们看过网络直播、参加过全员大会、读过公司的时事通讯，也接受过高层团队的走访，但是他们需要听你亲口说出来。

人们常常需要一个有威信的人将大局解释给他们听。他们需要有时间提出问题，表达自己的想法。只不过在大老板分享新闻时露出微笑并不代表他们能够理解并做好行动的准备。

你太忙了

当你埋头苦干时，似乎总找不到时机退后一步思忖大局。但是，当你发现只要做出这一点点小小的牺牲，能节省多少时间时，就会大吃一惊。

轻松传达大局的三种方法

试试下面三个步骤来提高你将人们与大局联系起来的能力：

1. 放大意义：告诉你的团队，他们的工作对于更广大的事业（顾客、世界，以及他们服务的其他对象）而言有什么影响。与他们对话，让他们谈谈手上的工作最值得自豪的地方在哪里。

2. 阐明优先事项：你要求大家完成的工作看起来并不是一系列杂乱无章、毫无联系的任务，这一点是至关重要的。将工作统合成有意义的大块，并回溯到大局之上。如果你无法将任务组合成有意义的集合，那么可能就说明你的优先事项太多了。厘清最为重要的事情，并着重指出。心里要明白在时间紧迫时应该放弃什么。如果你不得不在某件事情上接受失败，那么一定要保证做出选择的那个人是你自己。

3. 简化信息：如果你不能用一句话解释团队的使命，那就说明你并没有充分理解它。如果你实在做不到，那么可以请几位团队骨干来献计献策。团队中的每一个人都应该能以类似的方式描述团队的使命。

如果你的团队对前进的方向没有强烈的统一感，那么你作为管理者的其他工作都会事倍功半。现在就问问你的团队：他们能用一句话清楚说明自己的使命吗？

要点贴士

1. 用一句话清楚地说明工作团队的使命。

2. 让每个员工都明确说明自己为什么要按照某种方式进行手上的工作。如果答不上来，就利用这个机会展开一场“为什么”的讨论。

3. 在团队会议上，让你的团队提出在目前进行的任务中，有没有感到没有价值输出或者与使命无关的任务。接着花点时间探讨如何与使命契合或者将这些任务删除。

第16章

10 步自检，改造不听话的团队

“每天早上我都会提醒自己：我今天说的任何一句话都不会让我有什么长进。所以，如果我想要学到什么，就必须竖起耳朵去听。”

——拉里·金（Larry King）

有的时候，员工的声音很难引起别人的注意。但讽刺的地方是，在最需要发出声音的时候，他们会做出令你害怕的行为，把你推得远远的。如果你能迎难而上，追上他们的脚步，并伴随他们一起前进，可能就会惊讶地发现他们竟然有这么多话要说。你将成为众人眼中赢得漂亮的代表人物，而不是被逼无情的利用型、玩家型或取悦型管理者。

卡琳可能是维克森林大学（Wake Forest University）最散漫和懒惰的姊妹会成员了。当初匆匆忙忙地加入，是因为别人警告她说，大学校园里几乎所有的社交生活都是以希腊人的风格为核心的。

但困难的地方在于，她没办法将自己视为一个“交际花”。她更多地属于专一的、唱唱小情歌的那种类型。她开始拒绝参加规定的活动，原因是觉得过于浪费时间，也没兴趣去跟每一个姐妹交流最喜欢的食物和秘密的想法。当大脑被高级生物学压得喘不过气来时，她就开始计划如何全身而退了。

在联谊会主席小布把她拉到旁边时，她感到一下子轻松了。她并不一定得主动退出。她会被踢出去——这样更好。

“卡琳，你看起来挺有运动细胞的。你会玩溜冰吗？”

面对这个看似没来由的问题，卡琳卸下了防备，她回忆起在童年的夏天，朋友阿萨从德国远道而来，他们就会系上溜冰鞋，比谁快，比谁转的圈多，合作完成些花样动作，一直到太阳下山都乐此不疲。

“我还真会。”她承认。

“太好了，我们需要找个人到小空地那里当希腊运动接力的轮滑手（听起来又累又傻，但确实是个正经的竞技比赛）。”

“啊呀，我愿意参加，可是我没带溜冰鞋来学校。”卡琳想摆脱这个诱饵。

“没事，我会帮你找一双来的。”

“这个嘛，我得试穿看看，而且我现在还忙着生物考试呢。”在脱口而出的时候，连她自己都觉得这理由可笑至极。很显然，她还是希望能被扫地出门。

小布不肯放弃。“你今晚要复习到几点？”

“半夜。”

“好呀，半夜的时候我们在小空地那里碰头。我会带溜冰鞋来的。比赛是明天下午 3 点举行。”

当卡琳在系溜冰鞋时，小布问她喜不喜欢姊妹会。摊牌的机会终于来了。在月光照耀的小空地上，卡琳溜着冰，小布跟着她一路小跑。卡琳倾吐了自己的担忧，如果生物挂科让自己失去奖学金的话，就只能辍学了。她解释了自己不愿参加联谊的原因，而且这并不是出于她的自私自利。

小布认真地听着，问道：“你为什么加入姊妹会呢？是哪些规定让你觉得待不下去？你知道我们为什么要求你跟每个姐妹都聊聊天吗？”

她解释了每一项规定背后的“为什么”，然后一起制订了一份缩减版的义务规程，让卡琳能在遵守的同时不影响到学业。

当卡琳在几年后回到母校时，跟小布提起了那场午夜的会面。“我当然记得啦，”她笑着说，“好的领袖每一步都是精雕细琢的。”

“谁能想到我最后居然成了主席啊！”卡琳说道。

小布满怀信心和骄傲地看着她。“卡琳，我知道你肯定会走上两条路中的一条。你要么退出，要么就会在某天成为主席。我当时的选择是让你当主席。”

欢迎反馈意见

位高权重的人常常会蒙蔽自己的双眼，创造一种没人敢说出真相的欢迎，而且这些说不出口的往往都是关于他们自己的逆耳忠言。

马克的故事

马克是个一败涂地的领袖。他在一家中等规模的医院里担任总裁兼首席执行官。在做出了一项可能牺牲自己的名望甚至工作的决定后，他联系了我们。他之前提拔了一位女性员工，但她后来由于贪污而被医院解雇，现在她将医院告上了法庭。在解雇她之后可以很明显地发现，组织中的许多人早就知道她有黑幕了。

马克凝视着地板，由于沮丧而紧咬着牙关。他抬起头，小声地问道，“为什么没有人早点告诉我呢？”

令人扼腕的是，事情本可以不必走到这一步的。虽然他的员工都知道这里头有问题，但他们的反馈却没有传达到他的耳朵里。

马克在开会时的行为叫人不忍直视。他提出提问，让大家提意见，如果听到的东西不合他的心意，他就会当场打断员工的发言，说他们理解有问题，或者说这些建议背后的逻辑在他看来毫无意义。会议中的他毫无疑问表现出了利用型的管理行为，过于自信，毫不虚心，而且目光短浅，只关注结果，而忽视了本可以帮助他避开麻烦的人际关系。

然而，他同时又存在玩家型管理的倾向，将某些员工捧为绝不可能犯错的“金童玉女”。马克是个有吸引力的人，大家都会努力博取他的青睐，而手段往往是对他明显不看好的人落井下石。他的两名直接下属，其中就包括那个后来犯下贪污罪行的女同事，已经学会了如何说些他爱听的话，而他也给予了两人过多的赞美和晋升机会。说实话，能有人说出一丁点真相就已经很不容易了。在我们与员工的访问中，听到的总是消极怠战的态度，“管他干啥呢？马克不想听，我们无论如何也阻止不了他一意孤行。”

马克陷入了利用型和玩家型行为的流沙之中。唯结果是瞻，却忽视了对于实现结果而言不可或缺的人，他因此在员工之间培养了分化和内斗，而不是提高生产力的协作。在整个组织的上上下下，人们谋求的不是改善病人的康复结果或者财政上的良好运营，而是取得他的认可。久而久之，马克就让自己隔绝在了他渴望的真相之外，大家也自然而然地放弃了尝试。

每个管理者都可能像马克一样落入陷阱。下面 6 种方法可以保证你听到自己想要的真相，并维护赢得漂亮的开明形象：

1. 寻求真话。

定期地鼓励团队提出想法。请别人透露一些内情。让大家知道你是真的关心发生了什么事。

2. 表达谢意。

当有人说出（尤其是与你有关的）逆耳忠言时，要感谢对方有这个勇气、时间和意愿与你分享。

3. 回应。

如果你询问大家的想法，那么就应该花时间给出回应。即使有些想法并不具备可行性，也要让大家知道你听取并考虑过了，这样你就可能在将来听到更多的声音。

4. 不斩来使。

如果有人好心又勇敢地向你提出了逆耳忠言，那么就算你完全不同意，也要控制住自己的嘴。如果你予以回击，那么对方很可能就再也不会给你提出任何建议了。

5. 寻找说真话的人。

有些人不仅了解他们的团队、环境或流程，而且愿意说出自己的发现。找到这些人，与他们保持沟通，让他们知道你重视他们的想法。

6. 照照镜子。

如果你怀疑自己没有听到周围人的真心话，那么是时候照照镜子，仔细反省自己与他人交流的方式了。我们敢打赌，在这份表单的前四项行动中，你至少有一项没有做好。如果你还是找不到症结所在，那么可以问问别人的意见、咨询导师，或者考虑雇一名顾问。

帮助他们表达意见

你有没有在开会的时候发现过这种情况：两个人说了完全相同的事情，但一个人的意见得到了采纳，而另一个的却被忽视了？你有没有在参加电话会议的时候感觉自己的声音好像不在一个频道上面?

你的员工也会有这样的感觉。这可能发生在你们之间，或者在他们参加的其他会议上。你应该帮助他们锻炼技巧，表达出自己的想法。

小李在职业生涯的初期非常幸运，有一位肯听真话的导师。她的公司请了一名咨询师，处理一些重要的流程工作。小李才20多岁，10年来一直都是办公室里最年轻的一个，而且是项目里明面上的人力资源负责人，可想而知，她的工作肯定阻力重重。

小李一开始几次分享的想法都被大家当成了耳边风。于是咨询师就在休息时间给她开了个小灶，说，"你说得都很对，但他们听不见你的声音，因为你的时机不对。我们这样试试：当我给你使眼色的时候，你就提出员工参与度的问题。我会附和你，并提出议题让大家讨论。"

效果非常好。他们听取了她的意见，项目的成员开始关注起那些从旁支持项目的人。她密切关注着咨询师的示意，并逐渐掌握了时机，从此便再也不需要提醒了。

V-O-I-C-E 方法

如果你的员工无法表达自己的想法，那么你就应该利用 V-O-I-C-E 方法与他们一起将想法组织起来并传达出去。

V：形象

让你说出的内容和说话的方式更加形象。不要漏掉下面的任何一项：眼神交流、端正和开放的坐姿、强大的表现力和自信的语调。设想听众的反应。当你做好万全准备时，就更容易提高信心。

O：组织

预先组织好你的思路。有必要的话可以列出提纲。想好有哪些关键要素可以支持你的观点。准备好开场白，避免情急之下开口就道歉

（“这或许是个坏主意，可是……”）。

I：询问

可能的话，提前做好功课，了解其他人对于话题的观念。在顺势作答时，询问对方的意见（例如，“你认为这个想法会对我们的项目带来什么影响？”）。

C：思考

仔细听取别人的观念和想法。谢谢他们的意见，并适当地予以回应。可能的话，将他们的想法引入并结合起来。

E：激情

由内而外地深呼吸。你的身体会自然而然地吸入氧气，排出压力。镇定自若地说话，也就是说，不要用过于低沉的“装酷”语气。将你的激情展现出来。当你发自内心地热爱自己的观点时，别人就很难对你熟视无睹了。

最重要的是，你一定要相信自己所说的话。如果你自己也将信将疑，那么听众也会同样不敢相信。

可是如果他们听不进去呢？

“可是我早就说过了！”

小雷是一家公共事业公司的一名满腔热血却频频碰壁的管理人员。他的员工不肯采用能改善客户服务并降低成本的新流程。在采访小雷的团队时，我们轻而易举地发现了一件令人遗憾的事情：他们并不了解新的流程，也不清楚能为客户带来什么好处。

在告知了采访的结果时，小雷表现出了明显的不解。他和全世界的管理人员一样惊呼：“可是我早就说过了！我发誓我说过。我甚至可以给你看我的会议日程，当时我把所有的事情都说得清清楚楚。”

你曾经有过小雷这样的感受吗？作为一名管理者，最令人沮丧的事情之一就是员工没有把你的话听进去。

·你热情洋溢地分享了对未来的愿景，得到的却是台下的小声议论。

·你分享了有助于改善成果的新方法，可是所有人都依然在遵循老一套。

·你用明确的事实提出了有力的推荐，却被大家无视了。

应对这些情况的方法非常重要。如果你从中吸取教训，那么你的领导力将会突飞猛进，但如果你深受打击，转而依靠恐惧或权势的力量，那么你的威信（和人性）都会荡然无存。在一直遭到员工的无视时，利用型的管理者会大声斥责、威胁警告。取悦型则会恳求、劝诱，继而改为“兄弟们怎么回事？”的责备。不管哪一种，你可能在短时间内让别人顺从，也就是说，取得短期的胜利。然而，这时的比分是：你1分，团队0分。他们会感到自己渺小而愚蠢。他们会对你失去信心，在感到困惑或对某件事情有疑问的时候也不会让你知道。他们甚至可能会寻找其他的职位，跟随一个能够交流的管理者。

当你发觉团队不听话时，可以提出下面这10个问题：

1. 你真正想要的是什么？

每当遇到管理上的挑战时，要审视的第一件事情就是你自己的动机。你是否真正关注着结果和关系，还是让利用型或者取悦型的动机占领了上风？

在为了团队着想和为了你自己着想之间有着天壤之别的差距。那么，你真正想要的是什么呢？

如果你的答案是为自己辩护：“我知道怎么做最好，他们应该听我的才对”，那么你就不可能拥有一支赢得漂亮的团队。如果他们被逼无奈，那么就只会因为恐惧而行动，一旦没有了威胁，他们就会当你不存在。

如果你想要的是更大的目标，即为了团队共同的成功、为了有所改变，那么你就离赢得漂亮不远了。

2. 你和他们在一个频道上吗?

你和你的团队所使用的语言和概念是一致的吗？在需要案例和证明时，你是否提供了数据和事实呢？反过来又如何？

3. 你倾听了吗?

如果你没有倾听别人对你说的话，那么他们自然就会认为你漠不关心，于是就失去了信心，也变得同样漠不关心。要想知道自己是不是个好的听众，你可以请几个团队成员与你分享他们的想法：“有什么你想告诉我但我没注意到的事情吗？”安静地听他们说。感谢他们的分享，并及时地给出回应。你虽然不一定要事事赞同，但必须耐心倾听。有了自信和谦虚这两项内部价值，你才能真正开明开放地倾听意见。在洗耳恭听时，你就增进了与员工之间的联系，并了解了需要注意哪些方面的培训、执行和责任。

4. 你的威信如何?

如果你的团队能提出“你说得不对”，并且拿出证据来支撑他们的结论，那么你的话肯定就没人听了。威信是建立起来的，而不是强求的。如果你对某个领域并不熟悉，那么就应该承认事实，寻找其他有专业知识的人来补充你的智慧。当你的员工无法信任或者依赖你，但又被要求服从时，这场处于劣势的战斗必将迎来长远的败北。

5. 你知道他们关心什么吗?

每个人都有自己重视的东西。如果你提倡的价值与员工的价值发生冲突，那么你的声音就失去了号召力。

6. 你是在命令还是邀请?

邀请是一种协作的语言。我们指的不是具体的遣词用句（不过这也能带来一些改变），而是语言背后的态度。当你将注意力放在关系和结果上时，每个人都看在眼里。你是否表现得好像自己比别人都厉害，所有人都应该听从你？还是你本着平等的尊重，邀请别人与你共事？

7. 你是否解释了“为什么”?

就连军事简报都不会漏掉命令背后的原因和目标。有的时候，员工没有响应的原因是不理解令行禁止所带来的结果。这就是小雷尚有改进空间的地方。虽然他介绍了新的流程，但没有将“什么”和“为什么”联系起来。

8. 你是否确认了员工的理解?

同样的想法，听的一方几乎肯定不会像说的一方理解得那么清晰。你可以利用第 4 章中确认员工理解程度的工具。询问听众有什么收获，他们对于你的诉求有何看法，以及他们对于结果有何预期。

9. 你是否将话挂在嘴边?

这是小雷的问题的核心。他分享了新的流程，也有确确实实的会议议程，但是如果只宣布一遍变化的重要性，那是远远不够的。

我们帮助过许许多多不得志的领导者，他们抱怨自己的团队不听指令或者不闻不问。但倘若你向他们进一步提问“你上次传达这件事情是在什么时候？”时，你总能得到这样一些回答：

- “去年。”
- “前年在公司外面。”
- “半年前我们在走廊里说的。”
- “在上个月的员工大会上。”
- “在电子邮件里。”

如果一件事情你只说过一次，那么就等于没有说过。你的员工有自己的生活，你对他们而言不值一提（没错，真相就是这么伤人），而且比起公司的愿景，他们可能有更大的追求。利用型和取悦型的管理者常常觉得每个人一早起床都理应回想起他们在两年前，甚至只是两个月前说的话，但这完全就是痴人说梦，只能带来失望。赢得漂亮的管理人员会时常把话挂在嘴边。

10. 你有没有通过不同的方式表达?

每个人的学习方式都不同。有的人通过用眼睛看，有的人通过用耳朵听，有的人通过亲身体验，诸如此类。在频繁地与员工交流时，应该使用不同的方法。可以试试我们的赢得漂亮 6×3 交流策略：通过 3 种及以上的渠道将至关重要的信息重复至少 6 次。例如，为了传达一种新的流程，你可以使用电子邮件、员工大会和一对一的交谈作为这 3

种渠道。

大卫参观过一家国际制药科技公司的总部。在一次普通的员工会议上，该组织的领导者运用了真诚的信件、幽默的讽刺小品、总裁的演说、应答轮唱和音视频作品，还回答了听众的现场提问。在这样一场会议中，他们使用了上述所有的问题，无怪乎这家公司总能出现在最佳雇主的名单之列。

如果你感觉没人肯听你的，那么就拿这10个问题问问自己，诚实作答，根据答案采取行动。赢得漂亮的管理者可以游刃有余地应对这些交流上的挑战。

如果一件事情你只说过一次，那么就等于没有说过。

要点贴士

1. 你可以通过哪3种方法鼓励员工告诉你真相？

2. 通过VOICE方法可以帮助哪些员工？安排一些时间，与他们一同分享和讨论这种模式。

3. 针对员工可能在意的难题开展头脑风暴，主动解答，此类问题包括：

- 我们为什么要这样做？
- 我们公司的实际做法是什么样的？
- 你为什么没有问我们？
- 为什么没有处理？
- 如果我说出来，别人会不会对我有想法？

- 你觉得我有资格升职了吗?
- 为什么人员流动这么严重?
- 我们如何摆脱这种身陷囹圄的状态?

第17章

回答正确的问题，让员工为自己的行为负责

“在帮助那个男人攀登高山的同时，瞧，他自己也爬上了顶峰。”

——藏族谚语

当你的团队跑来问你“我们应该做什么？”时，他们的疑惑往往藏在更深的地方。如果能解答这些深层次的问题，你就能让员工建立起信心、培养好技能，并且节省你自己的时间。

风向变了，主帆在头顶起舞，甲板也朝向一边倾斜，等大卫回过神来，水面都快与他的视线平齐了。

船长大声发出指令：“大卫，调整三角帆……拉紧，用力！”

他一把抓住绞车手柄，开始朝顺时针方向扳动，希望能让帆吃到力气。

可是丝毫没有拉紧的手感。

虽然标线移动了，但他不确定有没有用。

他朝着另一个方向扳，回头看着船长老帕，问道，“我该朝哪边转？”

老帕接下来的回答展现出了他强大的领导力，不过他并不是对大卫的问题作出解答。

至少从字面上看，并不是这个问题的答案。

真正的问题是什么呢？

你可能在想，大卫不确定该怎么控制帆的张力，那还忙乎些啥呢。难道他没有好好学过吗？

他当然都学过，只不过……

他与包括帕特里克·毛雷尔（Patrick Maurer）在内的几名同事从圣迭戈港出发，踏上了帆船之旅。

在离岸之前，老帕将他们召集到帆船上，解释了术语、提供了指导，并且一一分配好了每个人可能要负责的任务。大卫坐在绞车旁边，负责管理前帆（船首三角帆）的张力。

在驶离港口之前，老帕将每一件事情都安排得非常清楚，尤其是绞车。对于大卫后来提出的问题，他甚至已经提前给出了答案：当船倾斜到危险程度时，可以往任意方向转动绞车。

所以大卫知道哪个方向都是正确的。那么，他想知道的到底是什么呢？

当帆船发生倾斜，其他7名乘员都指望着他守住水平线时，他真正想要知道的东西就和员工带着下面这些问题来找你时，往往心里想知道的东西一样：

- “我这么做对吗？”
- “我能顺利吗？”
- “你真正想要的是什么？”

如果你和许多管理人员一样，当员工问出一些你敢肯定她已经接受过训练的问题时，就可能会产生失望的感觉。

你或许在想，“她是知道的！她干吗要浪费我的时间呢？”

我们希望你能观察得更深一点。只要花上很短的时间，你就能满足员工真正的需求，并培养出更强大、更有生产力的团队成员。

如何回答正确的问题

当大卫回过头，问“我该朝哪边转？”时，老帕沉着且坚定地答道，“两个方向都行。一边比较省力；另一边比较快。”

你有没有注意到老帕的答案有所保留？

他并没有回答大卫提出的那个问题。尽管大卫想要的是更加直接的答案，也就是左边还是右边，可是老帕并没有直接作答。相反，他运用了“减少歧义”的教练技术。他给大卫提供了一些信息，让他能自己做出决定（由于船就要翻了，大卫眼前几乎全是汪洋大海，他选择了加快，但是比较费力的一边）。

老帕的话解答了大卫潜在的问题：“你希望我怎么做？”同时也培养了他的能力，可以在下次出状况时自己做出决定。从这时起，老帕就可以把自己的时间花在其他管理帆船的任务上了。

事情还不止这么简单。

除了他说的话，他说话的语气也很重要。沉着，坚定。他的语调解答了大卫的另一个潜在问题：“我能搞定吗？我这么做对吗？”

老帕的语调告诉他，“没问题。”

不要光给出明面上的答案，而忽略了他们真正需要的答案。通过解答更本质的问题，提高员工的能力。

不要光给出明面上的答案，而忽略了他们真正需要的答案。

一起走

有请小西登场。他是一家国际电信公司的客服中心主管，负责支持商业客户。对于这些重量级的客户而言，质量是最关键的。因此，从小西的角度来看，公司设计的新系统堪称杰作。客户再也不用通过电子邮件写下服务订单，再由员工重新录入系统（这一步几乎总是伴随着疏漏）了，现在他们有了一个简单的系统界面，可以与后台系统无缝对接。

新的方法速度更快，也能提供更高的质量和额外的好处：周末无休。问题只有一个：员工（和工会）讨厌它。而且他们有理有据。

“针对高端客户的尊享服务怎么办？”

“人际关系怎么办？”

工会干事老侃坚决认为，这样的改革“纯粹只是证明”管理层更关心结果，而不是客户体验。

事实上，小西和老侃的观点都是对的。客户想要的是像老侃这样训练有素的员工所提供的效率和差异化的服务。

这并不是非此即彼的问题。这并不是管理层和工会的对立。他们需要的是合作建立一种以客户为中心的改良策略，消除客服们的疑惑。

在第 14 章中，我们讨论了“如果你知道的话会怎么做？”这个重要的问题。

在这种情况下，也有一个非常好用的相关问题：

“如果这个系统对客户和员工而言都很棒的话，应该是什么样的？”你可以接着这个问题再来一个：“我们该怎么做到？”

这些问题能让每一个人都为了积极的愿景共同合作，并寻找解决方案。在本例中，工会和管理层拥有一个共同的目标：改进用户体验。老侃诚实地表达了工会对失业的恐惧。小西则诚实地表达了他对时间和生产力的白白浪费的担忧。

他们将新系统中双方都认可的优点罗列出来，然后通过头脑风暴来讨论如何最有效地利用节约出来的时间。

最后，他们达成共识，可以利用这个系统减少重复录入的工作，转而培训客服人员从事更有价值的任务，从而与客户之间创造更深厚的关系。这些行为可以让客户关系变得更为持久，并带来未来销售数字的提升和随之而来的工会工作机会。

要想取得突破性的成果，就需要每一颗心和头脑共同努力完成任务。变化需要的是信心和包容，而不是推销。当你能提出大胆的愿景，又能让人相信它并非虚无缥缈，而是触手可及时，团队就能与你同舟共济。

1. 建立明确的愿景。

将你想要实现的目标表达得一清二楚。通过每一种可能的媒介来传达和巩固你的愿景。如果你不确定每个人都对此心知肚明，那么就得更努力地传达信息。明确你希望每个职位上的员工完成的具体行为和解释变革背后的原因同样重要。

2. 不要夸大好处。

员工只关心“我能捞到什么好处？”这样的观点纯属无稽之谈。当然，员工想知道能捞到什么好处。但他们也同样想知道，你和他们的顾客能够得到什么好处。

在缺少信息的情况下，人们往往会陷入最极端的结论。如果你将关键信息藏着掖着，那么他们就会用假设去填补这些空白（例如，你的下一步动作是要裁员）。他们希望知道你考虑事情是经过大脑的，而不只是经过钱包。

3. 从小事做起。

不要鼓吹什么半吊子的或者充满瑕疵的想法或改革。先在小范围内进行试验，认真地吸收反馈意见，然后加以改正。信用一旦失去就很难再找回来了。“哦对的，我承认这之前是一坨屎，但是现在好多了，”

只能引起大家的抱怨：怎么会有白痴决定为一个实际用起来全是毛病的想法、系统或者流程高唱赞歌呢？

即使它在设计上看起来很美好，老板也被说服了，并且在封闭的应急情况下效果不错，你也必须先进行实地的测试。

是的，这会耗费许多时间。但只有先慢慢来才能在后面顺利加速。

在之前的案例中，小西和老侃首先在一支团队身上尝试解决他们的矛盾，并且不厌其烦地向总部提供反馈意见。你应该承担一些风险，在违反常规的地方为团队撑腰。尽管这个小组起步的时候比大部分地区的速度都慢，但由于他们最后拿出了成绩，所以没有人会计较这些事情。

4. 建立触手可及的情报站。

这可能是最重要的部分了。用心倾听员工对你说的话。最重要的是，要用解决方案来回答他们，而不是推销你的想法。当你改正了某个错误时，可以运用“6×3 方法”作出回应。

5. 利用反抗者的证词。

尽量多分享一些亲身经验，尤其是在那些一开始保持怀疑态度的人身上寻找例子。让最热情的员工告诉大家你的新想法、新系统或者新流程给他们的世界带来了什么样的改变。最令人意想不到的人选说出来的故事是最能打动人心的：对这件事情向来不屑一顾的销售，因为使用了新的系统而已经大幅超越老前辈的新人代表，以及带领整个团队（包括工会代表在内）玩转新系统的主管。

6. 让团队参与关键性决策。

没有人想要别人为他们做主。他们更愿意一起做主。问问员工，“哪些部分状况很好，可以多多利用？哪些部分需要我们继续加强？我们接下来应该朝哪个方向努力？”这些问题都大有裨益。让员工参与到你的变革计划中，提高他们的归属感。

在逆境中带动员工

虽然我们已经讨论了如何在变革计划中带动员工，但是当情况不妙时该怎么办呢？让他们分担你的焦虑是否是明智之举呢？

这要看情况。就算你以为自己在帮他们挡风遮雨，传递到他们身上的压力可能会超乎你的想象。从领导者眼中流露出来的不知来由的焦虑可能要比知晓实际情况更令人压力山大。如果不是什么保密性质的情况，赢得漂亮的管理者就会利用第 8 章中介绍的解决问题的工具，清楚地说明眼下的问题，并询问员工，“我们有什么解决办法吗？”

“捣蛋鬼”怎么办？

小郑虽然心里明白，应该让员工更多地参与到讨论中，可是每次提出一个让大家讨论的点子时，小萨就会把它枪毙掉。他主意很多，又口无遮拦。会议总是成为浪费时间的马拉松，而且他一张嘴，所有人就开始翻白眼。

情况甚至发展到小郑一看到小萨走近，就会想方设法装作很忙的样子，避免与他搭上话。

也许你也认识这样一个小萨。大多数团队都会时不时地碰到一个“捣蛋鬼”。在与“捣蛋鬼”的对抗中，我们发现了这样三种麻烦：

麻烦 1:

他们会产生负能量。

不加管束的“捣蛋鬼”会在积极向上的团队中产生负面能量，拖团队的后腿。他们可能在会议上自说自话。还有的可能会一开始说得理直气壮，等到真让他们出手了就立刻举手投降。

麻烦 2:

他们会让你的领导力陷入低谷。

时间久了，这些“捣蛋鬼”可能也会让你忍无可忍。当你受到重重压力时，可能会丧失耐心。你会拒绝听取别人的意见。你会做出负面的反应。

麻烦 3:

他们可能是对的。

虽然这些“捣蛋鬼”可能搞得别人烦躁又沮丧，但是他们往往是对的。真正的问题在于，很多时候你应该好好地听他们说。在那些烦扰和困惑背后时常隐藏着值得团队中其他成员深思熟虑的重要想法。

制服“捣蛋鬼”的妙招

我们推荐采用下面这些方法来制服“捣蛋鬼”：

- 回应他们的感受，即确保他们觉得自己的意见被采纳了。
- 在会议之外解决，即不要在团队面前展开辩论。
- 安排个别会面，倾听他们的想法。
- 让他们在团队中担任具体的、有产出的角色。

· 让他们始终面对挑战，即让他们寻找解决方案。
· 认可他们的成功。
· 提供空间，允许他们讨论自己可能遇到的其他问题。

针对职能问题的讨论会

我们喜欢在团队建立初期开展这项练习，让大家尽早聊聊共同的感受和适当的补救方案。这样的讨论会还能提供一个比较安全的环境，在不发生直接对抗的情况下，让一些重要的动议被搬上台面，这对于一支成熟的团队而言是必不可少的。在发生矛盾的团队中，各方也能借此机会将顾虑拿出来讨论。

第1步

给每个团队成员分发即时贴。让他们找出（在他们看来）对结果或者团队进度造成最大妨碍的行为。一定要说清楚，这些意见要根据每个人的毕生经验，而不仅限于团队以内。接着让他们将每一种行为分别写在一张即时贴上。

第2步

等所有的团队成员都准备好了，请他们将自己的即时贴粘在墙壁或者白板上，并动手将它们分组归类。在归类的过程中，大家可以开开玩笑。

第3步

将被提到次数最多的职能问题圈出来。

第4步

选出最多的几个分类，请团队说说在面对此类情况时会如何应对。鼓励他们分享自己过去的经验和好办法。

第5步

制订一系列标准或团队准则，让团队在遭遇此类问题时有据可循。团队一定要有机会说出他们自己的职能问题。不过在工作的初期，讨论标准和案例，树立起期望行为的框架会更加容易。

讨论会本身往往就能帮助员工自我纠正了。再不济，有了这些内部标准，如果不良行为没有改善，你也可以更顺利地组织起个别或团队的讨论会。

要点贴士

1. 让你的团队将他们不敢说出口的几个问题写出来或者打印出来。通过匿名的方式收集这些问题，然后在团队会议中做出解答。

2. 找出能更好地带动团队的三个步骤，从而实现你最重要的目标。

3. 尝试我们刚才介绍的即时贴练习，让团队探讨和建立行为标准。

第18章

打造合理的职场环境：5步避开幽默陷阱

“生活如此重要，不应过于计较。”

——奥斯卡·王尔德（Oscar Wilde）

虽然工作可以充满乐趣，但是我们应当玩笑对待吗？

你可能在想：

- 工作并不是玩乐；所以它才被称为工作。
- 开玩笑对于我的领袖形象而言是不利的。
- 有的时候可以，要看合适的时机。

我们建议你换种思路。笑声是组织健康的一个信号。这并不意味着你的公司成了一家马戏团；它只是告诉你，大家很健康、喜欢自己的工作，并且可以发挥出最大的生产力。这就是关注“和”而不是“或”的关键时刻之一。赢得漂亮的管理人员能同时得到结果和关系；他们能同时享受乐趣和完成工作。

卡琳刚被升为经理，负责在社区的健身中心管理一支游泳教练团队。她和手下的员工花了一个周末的时间刷洗瓷砖、清理苔藓、制作公告板和安排课程。他们即将迎来一个激动人心的季度。

她锁好自行车，扭开大门钥匙的手略微有些紧张；想到马上要带领这个季度的第一堂游泳课，她的内心还有点小激动。孩子们来了，在抱怨了几句水太冷了之后，他们都跳进了泳池，开始热身运动。

突然，“小6班”的小可爱奈奈扑腾起来，好像看到了鲨鱼一样大声惊叫。“卡琳老师，卡琳老师，快来！我看到一条鱼！”

“奈奈，冷静点，你看到的不是鱼。把头潜入水中继续游。”卡琳回答，作为一个并不比大多数游泳者年长多少的新手教练，她知道自己需要保持镇定才能让别人相信她。

就在这时，之前还和孩子们一起跳入水中，证明水不是太冷的助理教练小强爬出泳池，跑了过来。他不顾水珠一滴滴地落在卡琳的运动衫上，在她耳边说道，“那个，卡琳。真的有鱼。”

她赶紧让所有人离开泳池，这才发现里头还不止有一条鱼，而是有三条鱼。孩子们纷纷跳回泳池，想要用手把它们抓住。奈奈则跑回家去拿钓鱼竿了。

电话响了起来。

是另一支游泳团队的总教练老毕。“我只是想打电话祝贺你作为总教练和泳池管理员的第一天。感觉怎么样？”

“我的天呐，有鱼跑到我的泳池里了！”话刚说出口，卡琳就意识到是谁把鱼放进来的了。

玩得挺溜啊。

真是一个美好季度的美好开始。后来，他们的对手关系从焦灼的竞争转变成了合作和真正的友谊。读到这里你可能会想，这种事情对于救生员来说当然是可能的，但不适用于公司的世界。或者，你大概猜到了，他这可能是在跟她调情呢，不是么？

不过，这其实是适用于公司世界的。两位笔者都见过用幽默和乐趣的强大处方来发挥人性光芒的案例。瞧，事后看来老毕不就是这样的吗？

玩出结果

两位笔者都曾与拥有独特文化的截然不同的公司合作过。卡琳合作过的一家公司发展了一套“周六夜现场培训视频”的方法，让客服代表能紧跟最新要闻和关键潮流的动态。这种方法有趣、积极、参与度强，而且最重要的是，能明确地传达与关键的优先事项有关的信息。

这档视频节目会每隔几天向员工的电脑实时推送，大家也都对下一期节目翘首以待。只要看上一小段，客服代表们就能知道有什么重要的事情，以及接下来需要做什么。

他们的首席运营官说，有一位扮演“新闻主播”角色的经理平常非常严肃，是个注重结果的人。她很高兴地看到这名经理发挥了个性中轻松的那一面，与这些年轻的客服代表打成一片。这位经理是个全面利用自身特长的全能型管理人才。与同事打成一片，团队的工作成果也发生了令人惊奇的提升。

当员工感到快乐时，会变得更有创造力、更加团结，并且压力也更小。

有一支推销手机的电信销售团队给管理团队租了专业的《星球大战》服装，请他们走访数百公里内的各个零售网点，激励当地的销售代表，同时吸引顾客的注意。团队深受鼓舞，顾客们的反响也很好。

我们都见过一些客户在全市范围内组织藏宝游戏，一方面让人们对组织的目标留下更深的印象，另一方面也让每一个人都有机会享受乐趣、与不同的人合作，以及共同解决问题。

我们也都看到一些高管愿意盛装打扮、改说为唱、成为麦霸或者来段饶舌。当然了，这并不是日常情况，不过偶尔游戏一场可大有裨益。经理与团队共同欢笑的场景准能鼓舞人心。

有位客户听说这种玩乐的行为可能会损害她在团队中的“权威”，

所以她应该在团队面前收敛笑容，并且保持专业的距离。她对给出建议的人表示感谢（不要忘了用“谢谢”来答复），虽然没有完全叫停，但她会更加慎重地应对别人的目光。

可以看到，在看似不可能的挑战当中，他们的成果都有了突飞猛进的发展。他们的笑声具有强大的团结力。这种在专注于结果的同时也能开开玩笑的能力让她的团队对她的敬意有增无减。

虽然在拜访总部时，她学着采取更加严肃的姿态，但到了真正完成工作的现场，她依然是那个欢乐果。

大智若愚

也许罗总的战略性装傻策略是我们见过最冒险的了。他是一家国际公司的总裁。罗总的公司当时正在向一家新客户推荐一个战略性极强的项目。罗总带着团队长途跋涉，专程去讨论这个重要的合同，成功的话可以带来稳固的收益，甚至有可能为将来的重大项目打开机会的大门。总而言之，这可不是闹着玩的。

尽管潜在客户小林对他们的公司很感兴趣，但也存在一些实质性的顾虑。鉴于会议的重要性，罗总一开始拿出了与之相符的严肃口吻。

他开口说道，“我相信你们对今天看到的东西非常感兴趣。我们已经搜集了很漂亮的历史数据，也有切实的数据支持。我迫不及待地想让团队更多地与大家分享我们的计划。不过在此之前，我给诸位写了一首歌。”

他抽出一张笔记纸，上面是他写的歌，张口就唱了起来。他在清声小夜曲中将小林应该给他们一次机会的原因都唱了出来。大家的情绪立刻就被他愚蠢的行为带动起来。小林也略微卸下了防备。

他唱着。

而她听得越来越入神。

在一阵掌声和笑声中，罗总的团队继续展开了非常专业的演示，给出了数据、视频、历程，大家还坐在一起听电话会议。他们证明了自己是最棒的。小林雇用了他们。虽然不是因为那首歌，但也绝对离不开它。看似愚笨的行为可以带来切实的好处。罗总是做过功课的：他知道小林喜欢有意思的歌曲，于是有备而来，带来了行之有效的娱乐内容。时机恰当的愚笨行为可以：

· 破冰
· 表达诚意
· 表现勇气
· 活跃会议气氛
· 展现创造力
· 建立关系
· 构建回忆

大智若愚的战略预警

在起身为罗总的歌曲喝彩之后，小林回应道："曲子真棒。不过千万别在我们公司总部这么干。"他们会心一笑。要想取得成效，此类愚笨和逗趣的行为：

· 必须抓住恰当的时机，并针对适当的听众
· 对同道中人最有用
· 不能一锤定音（要用优秀的成果和执行力来补充）
· 因为不同寻常、难得一见才能发挥作用

·要有品位

如果使用得当，幽默和逗趣会成为一剂强心针。然而，如果使用的方法不对，员工的生命力可能就会被迅速抽走，之后就很难恢复原先的关系了。

如果玩乐过了头

在别人的劝说之下，财富50强企业的总裁老葛在一场外出的管理会议中安排了一个卡拉OK之夜。老葛是你能想象得到的最固执的那种人。我们都不确定他这辈子有没有唱过卡拉OK。实际上，我们敢打包票，在工作中被要求唱歌一定是他最不想遇到的事情之一。选择这个团队建设节目的唯一解释就是有哪个高管顾问说服了他，相信这么做可以展现他平易近人的一面，并帮助他与团队联系得更紧密。

老葛紧紧靠着离麦克风最远的一堵墙站着，小口啜着健怡可乐。每个人都能看出他的不自在，这种感觉也不可避免地蔓延到了整个房间。

为了缓解气氛，老葛的几位副总裁开始起哄，让他们的团队K歌。小蕾是最开朗的经理之一，她的老板靠过来说："我知道你会唱歌，去帮帮莎莎。"莎莎是小蕾的一个同事。

这时，小蕾发现莎莎喝夏顿埃酒已经有点喝多了。

"她准备唱什么？"小蕾问道。

"'You Gotta Fight for Your Right to Party!'你，知道，是Beastie Boys的歌。"

小蕾二话不说就拒绝了。大概过了一年时间，小蕾的老板还会拿这件事当证据，说她的团队精神还有待提高。

不要为了弥补问题而玩乐

根本性的问题是不可能靠玩乐或者团队建设来解决的。但愿你没有说过，“大家有点人心惶惶的，我们该做些什么活跃一下气氛。”

才不是这样呢。你要做的是解决沟通上的问题，或者解决阻碍员工完成任务的流程问题。

玩乐就好比是一个精美的蛋糕上面的糖衣。它虽然能锦上添花，但不能替代蛋糕本身。想象一下，如果把糖霜撒在一个黏糊糊的半生不熟的蛋糕上面，那肯定不会好吃，最后你得到的就是一堆黏糊糊的黑暗料理。

如果遇到问题，那就解决问题。然后再一起玩乐。

如果遇到问题，那就解决问题。然后再一起玩乐。

当强效处方变成危险毒药

大卫最近在参加一场为准妈妈举办的家庭聚会时，打破了自己的一项原则。

当一位女士做了一番小小的自嘲之后，大卫对准她的软肋反击了一句。和预想的一样，大家有的哈哈大笑，有的故作气愤，但事后他感到很后悔。

在这件事情当中，他为了表现得有趣就诋毁了一位母亲。

我们大多数人有时会在讽刺、挖苦或者玩笑中损害到别人。在许多人看来，这是他们的家庭或者组织文化的一部分。我们之所以离不开这种类型的幽默，有这样一些原因：

·我们想要提升自我感觉，于是要么就让自己看起来更聪明，要么让其他人显得更蠢。

·我们想要掩饰不安全感，这是尝试提升自我感觉的另一种方式。

·我们喜欢间接地尝试面对真正的问题。与其直接讨论某个困难的主题，我们会使用挖苦或者消极的“玩笑”。乔叟（Chaucer）和莎士比亚（Shakespeare）都指出过借用笑话来说出真相的这种手法。

·我们要保护自己。有些人会利用挖苦来与别人保持距离，或者避免自己承受恐惧或痛苦。

·我们不知道该如何做其他的事情。我们缺乏有效应对问题的技能。

如果你想要影响其他人，那么在挖苦和幽默中贬损别人会带来很多问题。注意底线：作为管理人员，此类幽默会阻碍你赢得漂亮。下面就列出其中几个来挖苦和开玩笑贬损别人所导致的问题：

1. 被贬损的人会丢脸。

2. 如果你是个位高权重的人，那么被你贬损的人就会处在一个反抗也不是逃避也不是的尴尬境地。

3. 你会得到适得其反的结果。如果对方是个有经验的、有自知之明的人，那么他可能会私下找你聊聊，但换了别人可能就会想办法来“扯平”——也许就是借助于类似的“幽默”来贬损你，减少他的工作成果，或者做些小动作。

4. 你给其他人开了先河。过不了多久，你自作聪明的反击就会转变成滋生负能量的腐败的工作环境（最可怕的情况是，这甚至可能产生充满敌意的工作环境，从而导致人力资源上的问题）。

5. 这么做没有任何建树。也许你可以通过讽刺或者羞辱让一个人停止某种行为，但靠这种方法是不可能创造出积极向上的新行为的。

6. 你限制了创造力。不断的挖苦会产生一种让大家都不想尝试新想法的氛围。失败的风险和招来的羞辱令人不堪忍受。

7. 这么做会消磨动力。我们只有专心致志时才能把工作做得最好——感觉到自己的能力、工作的挑战，并且随时准备全力以赴。以贬损别人为代价的挖苦和幽默产生的是怀疑和负面的能量。

8. 这么做会摧毁信任。

如何避开幽默的陷阱

在想要亮出幽默这一招时，可以利用下面 5 个策略来保证获得对方的共鸣，并且不会对情况带来负面影响。

1. 从结果开始。

在忍不住想要幽它一默时，一定要忍住，问问自己真正想起到什么效果。你寻求的是什么样的结果？鼓励、激发、教学、培训、演示——这些肯定要比挖苦更有效。

2. 直接面对问题。

绝不要用幽默来处理行为或者业绩上的问题。根据我们的经验，这么做只能产生更多的问题，对局势起不到任何帮助。你应该直接和专业地面对这些问题。

3. 有效地利用幽默。

任何一个喜剧演员都会告诉你，有一个开玩笑的对象是绝对安全的：你自己。低调的幽默能展现出你的谦虚，并让员工知道你并没有觉得高人一等，对待自己也并不一板一眼。这也能建立信任，因为大家知道你了解自身的问题，也清楚你的缺点。

4. 管好自己的问题。

如果你总是摆脱不了被打击或者不安全的感觉，而且经常要用挖苦或者取笑别人来加以掩盖，那么就该花点时间反省一下出了什么问题——也许可以找个教练聊聊。如果问题很深，那么就应该咨询顾问。

5. 收拾残局。

如果你过去可能伤害过别人，那么就得好好道歉，修复关系。

当团队聚在一起，并产生强烈的认同感时，他们就常常会开始对不属于团队的外人吹毛求疵。也许对方是竞争对手，或者是其他部门的团队。作为一支团队，应该把插科打诨控制在团队内部，克制住嘲笑贬损别人的冲动。

我们都喜爱欢声笑语，也需要多点这样的笑容，但如果你是管理人员，或者想要去影响别人，那么就不要挖苦或取笑任何人（除了你自己），你的威信自然就会提高。

要点贴士

1. 你支持在工作中加点玩乐吗？为什么？

2. 回忆一下你的职业生涯中的欢声笑语。当时是为了什么事？那一次是计划好的还是即兴发挥的？你能在自己的员工当中创造类似的机会吗？

3. 你该如何保持团队中的幽默感，同时避免导致负面影响？

4. 为你和你的员工安排一段时间一起找点乐子。组织一次野营午餐和观鸟之旅（没错，我们真的认识一个靠这招赢得人心的销售主管）。如果能征询团队成员的建议，看看他们最喜欢什么游戏，那就更好了。

5. 根据一项关键的倡议，在下一次员工会议上通过有趣的方法来诠释。写一首打油诗、穿上奇装异服（卡琳的爸爸数十年来每逢万圣节都会按照关键倡议的主题盛装打扮）或者唱一支歌（只要不是 Beastie Boys 的就行了，拜托了！）。

第19章

利用F-A-S-T模型快速实现成果

“无论是多么美妙的战略，你都应该时不时地看看结果。”

——温斯顿·丘吉尔（Winston Churchill）

找借口是很简单的，尤其是当别人持怀疑态度时。我们都遇到过让我们降低期望的唱反调的人。总有人听过这样的劝告，说不要想着：

- 让大家接受新的流程
- 让“那群”人的水平达到那样的程度
- 在那个农村市场销售那种产品
- 在没有直接经验的情况下拿下那份工作
- 在如此短的时间内产生影响
- 在联盟的环境中达到那样的工作热情
- 让副总裁穿上那套衣服
- 让那些赫赫有名的作家回复我的电子邮件

对我们说这些话的人都是错的。在有着较高期望和良好结果的环境中，职业关系才能得到最好的发展。在本章中，你将收获各式各样的工具，确保你制订的期望既有充分的挑战性，也能给员工达成目标的信心。

从小莉接受挑战，管理一家位于州立男子监狱内部的囚犯服装厂，已经过去一年了。这可不是《女子监狱》（*Orange Is the New Black*）的剧情。作为为数不多的女性员工，而且还缺乏监管方面的经验，小莉的处境可不轻松，对于这份任务也有所怀疑。

不过到最后，小莉的工厂的产出竟然超过了样板，还创下了无懈可击的安全记录，甚至可以无监管地运作。大卫采访了小莉，想知道是什么造成了如此迅速的转变。

“一切都从我对他人的信赖开始。他们来找我时，会告诉我他们在外面都做了什么——他们进监狱的原因。我会打断他们，说我并不怎么关心他们过去是个什么样的人。

“我对他们说，‘我们在这家工厂里要成为什么样的人，做什么样的事，都从现在开始。’大多数人一开始都不相信，不过用不了多久，他们就会积极响应一个信任他们的人。”

她接着说，这些囚犯一开始反对做缝纫活，因为觉得这不是男人该做的事情。小莉就走到一台工业缝纫机前，熟练地操作起来，缝出一件衣服，然后回到这些人面前，说，“你们的意思是女人比你们男人更擅长使用这台工业机器吗？我可不这么认为。”

尽管可能无法认同他们的沙文主义，但小莉愿意与他们平起平坐。她激励他们摆脱囚犯的身份，尝试成为更好的人，实现他们原以为不可能做到的事情，而且他们最后也都做到了。

小莉的魔法之所以奏效，是因为她对这些人有做出贡献的潜力深信不疑。她拒绝用过去来评价他们，真诚地相信他们有机会迎来光明的未来。如果她不相信的话，他们也不会相信。

在给员工提出挑战之前，你必须确定自己有应对挑战的能力。

伟大的结果从伟大的想法开始。伟大的结果需要有大胆的目标。如果你怀疑做不到，那么就不可能实现伟大的结果。

你的员工需要你的远见，需要你的想法超出他们的想象。不然的话你们就只不过是群得过且过的人而已。我们的 F-A-S-T 模型可以帮助你在更短的时间内朝着更伟大的结果前进。

追求伟大结果的 F-A-S-T 模型

要想快速实现成果，你就得运用赢得漂亮的 F-A-S-T 模型来集中力量。

F：专注

若要朝着结果高速前进，关注力就是关键。克制住想要搞定一切的冲动。找出并传达最重要的优先事项，然后将工作拆分成可管控的多个任务。专注于每个团队成员取得成功所需要的东西。

制订出两三条通用于每一种环境的关键的指导精神。把这些精神传达到令人感到厌烦的程度，接着还得再加巩固。确认员工的认识。反复传达。通过提问来检验效果，“你们认为我今天最想说的是什么？”如果他们不能大声说出这些优先事项，那么就说明你还传达得不够明确。

将大事化小。我们都喜欢制订活动繁多的行动计划，显得自己很努力。但列得少才能做得多。行动太多会令人难以招架、不知所措。找出两三项影响力最大的行动，并全力以赴地实行。同时通过有目的性和持久性的指导精神来加以巩固。

利用数据来掌握方法中的细节。了解发生偏差的位置，加以专门的重视和支持。避免粗枝大叶的干涉。将恰到好处的行动集中在那些有需要的人身上。

A：知悉

一开始要放慢节奏，倾听别人的想法。宁可停下工作也要客观地评估进度。

新的行动几乎都会给原本的工作量增加额外的压力。你得知悉这些相互冲突的目标和相互竞争的优先事项。认真地听取他人的顾虑。定好优先顺序。允许暂停部分工作。该舍弃的就舍弃。做出你的决定。

在快速前进的过程中，不要忘了停下来观察进展。庆贺小步的成功。嘉奖新的行为。肯定突破性的思考。

S：延展

快节奏的变化会提供很好的成长机会。借此拓展你自己和其他人的能力。提供一些特殊的项目和延展性的任务。将优秀的学生变成老师。问问每一个人，走向成功不可或缺的下一步是什么。

通过尝试新的行为来拓展员工的能力。你也可以拓展领域、假设和规则。花点时间问问，“我们之前从来没尝试过什么？”与团队之外的人接触，了解一些不同的背景和观点。

T：思考

将节奏放慢到允许你思考自己正在做什么，以及有哪些人参与其中。

每一个快速前进的项目都含有一些弱项（例如，浪费时间的任务、老旧的流程，以及与新的愿景格格不入的报告）。让每个人都有权力在需要的时候说“不”。

仔细地衡量进度，并按需做出微小的调整。注意无心插柳的后果。准备好在必要的时候改变航向。

在快速前进时，很容易会把某些人给落下了。想想在项目周围有哪些人必须了解你的计划。放慢节奏，尽早地将合适的人员拉上船，这会助你完成更顺利的加速。

期望的力量

当大卫被选为市议员时，他在工作中见识到了期望的神奇力量，它让一场对话在转瞬之间发生了转变。

当市政府面对一项争议性的决定时，往往会涉及三四个团体。带着自身利益的市政人员、民选的官员（他们几乎总是投反对票）、承包商和民众经常会陷入僵局，即使每个人大体上都同意改变的必要性也不例外。

这些团体僵持不下。他们相互问道，“我们该怎么做？”会有人提出一个解决方案，但很快就被否决了：“啊呀，我们不能这么做。”

几分钟的僵持之后，市长会说，“我们可以找到上千个理由说这么做行不通。问题不在这里。在接下来的 10 分钟内，我们就回答一个问题：我们该如何做到？”

这个问题预先假设了存在一个解决方案，而且大家能实现自己的目标。不出意外的是，他们都做到了。只消打个响指的时间，这区区一个问题和它所传递的信念就给所有人提供了打破僵局所需的一切条件。

这就是积极的期望和对未来发展的信念所具备的力量。

提出更多的期望，当员工面对挑战奋发图强时，他们将迸发出强大的能量。

如何制订明确的期望

制订明确的期望需要你的仔细经营。下面的流程可以确保你传达的内容完全符合你的期望。

1. 明确自己的期望。

如果你都不清楚自己想要什么，那么我们敢保证你是不可能准确传达给员工的。两位笔者都（可能你也）遇见过那种永远说不清楚自己想要什么的人。只有亲眼见到，他才知道要的是什么——而且他几乎从来都没机会见到。

缺乏明确的期望必将导致一轮又一轮消磨意志的返工，不断地浪费每一个人的时间，也会削弱你的威望。不要成为那样的人，不然你会把手下都逼疯的。

2. 在对话中互动。

在清楚地表达需求的同时，你也要仔细地倾听别人的想法。要尽早地发现你们在期望上的分歧。

3. 写下来。

在大部分情况下，将达成共识的期望写下来会起到很大的帮助。这可以是一对一的，也可以是针对团队的。将期望写在纸上的过程往往能带来进一步的澄清，并且在出现违背期望的情况时将会成为一种客观的提醒。

4. 汇报近况。

时不时地汇报近况是很有好处的。你可以轻而易举地画出一张象限图来展开话题（你可以从我们的网站 www.WinningWellBook.com 上下载表格）。在象限图的上方写上“我期望的”，下方写上“我不期望的”。在左侧写上“我得到的”，右侧则写上“我没得到的”。

首先，包括你自己在内的每一个人都要完成自己的矩阵，简要标出满足期望的地方和不满足期望的地方。例如，在左上象限内，每个人写下自己期望并且从别人那里得到了的东西。而在右上象限内，每个人写下的就是自己期望而且没有得到的东西，等等。

接着，讨论一下大家同意的部分和有疑虑的部分。每个人在这个矩阵中有哪些得到满足的部分，又有哪些没有期望和期望没有满足的部分？依次讨论矩阵中的各个象限。从表扬那些人们期望并且得到满足的部分开始。认可做得好的地方，然后找出差距或者缺失的部分，并加以讨论。

最后，大家一起找出一些能够提高工作效率的具体行为。

帮助他们品尝赢的滋味

如果你相信你们可以实现大胆的目标，并且设立了明确的期望，但是团队的疑心依然很重，那么该怎么做呢？下一步就是帮助他们品尝赢的滋味。我们发现的最佳方法之一就是拎出一两项值得提倡的行为，然后找一天时间让大家开开心心地尝试。我们将这种强大的方法称为信心爆发法。

它的主旨就是将所有的焦点都集中在目标行为上，向大家证明这在个人和组织的层面上都是可行的。

技能培训和庆祝活动，能在员工身边构筑起支撑。这种做法的风险很小，因为只需要花费一天的时间，而且不会给人一种重大的变革措施的印象。一旦大家在目标行为中感受到了成功，他们的信心就会提高，原先认为不可能的事情也会变成可能。

每次用上这一招，我们都能收获引人注目和非同寻常的结果。最有益的影响发生在后期的讨论中：如果你们（和我们）能够在这一天里铸造奇迹，那么为什么不能天天做到呢？

我们发现，按照一个月的间隔举行一系列这样的活动，可以带来惊人且持久的效果。

当这种“爆发日”所产生的影响逐渐减小，但总体的结果依然保持得相当出色时，就说明目标行为已经深入人心了。这些行为已经变得习以为常，再也不需要外来的激励了。这些行为的价值也已经成为了一种内在的选择。

如何举办信心爆发日

下面我们就来按部就班地创造一个信心爆发日。

1. 选出一两项有形的技能，作为目标。

2. 定好这个特殊节日的日期，让大家产生期待。

3. 在这一天到来时展现出激情和乐趣；给人过节的感觉。

4. 制订一些在这一天时间内可以完成的具体、可衡量的目标。

5. 开展全天的培训和专门的技能训练课程。

6. 让那些对于你想要推广的技能最为熟练的团队成员与那些尚在学习过程中的员工结对合作。

7. 用盛大、公开的方式庆祝每一次小小的成功。

8. 宣讲一些具体的成功故事，包括它们背后的“怎么做”。

9. 在一天结束时，庆祝和总结这一天的变化和学到的东西。

10. 第二天一早，重申一遍关键的经验。

说明结果

当然了，一旦获得了成果，你一定要有信心和能力来做出解释。

阿德是一家零售商店的区域经理。虽然他的区域业绩很好，但每次有高管突击走访店铺时，店铺的经理都不可避免地会被打个措手不及。尽管店铺没什么问题，但是由于经理太过紧张，总是会发生说不出话、说错话，或者抓着毫无意义的琐事喋喋不休的情况。阿德的威信也因此受到了连累。

许多处于阿德这个职位上的人都会转入自我保护的模式，花更多的时间更频繁地到店里检查，施加些危言耸听的压力，遇到表现不佳的店铺，还会给经理发出书面的警告。但是阿德知道，尽管这招可以引起大家的注意，但这些经理最需要的其实是信心。他不仅仅想要赢，而且想要赢得漂亮。在这种情况下，投入更多的时间和口头威胁的对策起到的是反效果。

于是，阿德就提出了绿色夹克效应。他开始在团队当中尝试这种方法。他要求所有的店铺经理穿上一件非常难看的绿色夹克，轮流到各个店铺里走访。看到这件夹克，大家就要像高管来突击检查一样严阵以待。

不管是谁穿着绿色夹克，都会被当成是一名高管级别的访客。这自然会让扮演者更容易从高管的角度来思考问题：分析趋势、提出有益的问题，并且对浑水摸鱼的回答心知肚明。

而店铺的经理则有机会练习如何介绍自己的店铺。他们练得越多，就越放松。用不了多久，他们就能清晰地解释和说明自己的成果和行动计划，并为表现优异的员工高声喝彩。

当然了，每一个行业都有自己的情况，但是清晰地解释和说明自己的工作，对于任何管理人员而言都是一项值得掌握的重要技能。在需要分享自己的成果时，可以参考下面这些小提示。你可以在高管来访、给董事会作报告，以及在其他管理人员面前分享经验时用到这些思想。

· 通过主动而有力的握手来向高管或者其他来访者问好（表现出你对他的来访感到很高兴）。

· 主动解释你的数字和背后的原因。

· 从你的机会开始介绍，并清楚地说明关键行为。

· 分享你在实现关键倡议时采用了什么有创意的方法。

· 将其他员工介绍给来访者，并分享每个人的一些独到之处。

· 表扬一些人的杰出贡献——能让大家惊叹的事情。

· 谈谈你的挑战，以及来访者所能提供的帮助。

· 分享你对于改进流程的想法，并说说你是如何尝试的。

· 主动将所有的建议都记录在案。

· 将所有的后续事项总结在电子邮件中，发给大家并致以谢意。

最大的挑战

有些时候，袖手旁观才是让员工挑战自我的最佳方法。

我们来认识一下千禧年一代的小张，他是一位高中管弦乐队的主管。马上就是本季最后一场演出了。毕业班的学生都戴上了玫瑰花，浑身上下散发出即将启程踏上新的冒险之旅的无穷活力。

小张举起了指挥棒，音乐随之响起。有力。华丽。激动人心。为他们人生的新篇章奏响激情澎湃的送行曲。

他回头看向乐队，露齿一笑。

他从右侧走下指挥台，双手抱胸，从侧面欣赏着乐队的演出。5个小节过后，他望向听众，脸上挂着自信的笑容，迈步离开了舞台。他再也没有回到台上。

乐队的演奏还在继续。有力。华丽。更加激动人心。听众都被他的领导力征服了。这些学生没有错过任何一个节拍。在没有领导者的情况下，他们依然在演奏。但这真的是群龙无首吗？

小张之所以有信心离开舞台，是因为：

· 大家都认同愿景
· 他们有行动计划
· 他们是有经验的演奏者
· 他们训练有素
· 他们能相互照顾

小张的信心告诉他们：

· 我相信你们
· 你们已经做好了进入下个阶段的准备
· 主角从来都不是我
· 到你们大放异彩的时候了

没有指挥——只有大胆的信心、高标准的期望，以及退至幕后的意愿。

要点贴士

1. 检验你给团队设定的目标和期望。你是否尽己所能地挑战团队，让他们取得更大的成就？你的期望是否清晰？利用本章中介绍的期望法则，让团队一起讨论这些期望得到了多大程度的满足或者不足。

2. 通过更深入、一对一地澄清期望，可以帮助到哪些员工？

3. 你能找出哪三种方法，像阿德的绿色夹克那样鼓励员工相互帮助和进步？

第 20 章

只有有效的鼓励，才能维持团队的精力和动力

“指导固然有益，但鼓励可以包治百病。”

——约翰·沃尔夫冈·冯·歌德（Johann Wolfgang Von Goethe）

你有没有见过在员工表彰大会上，在报出一个人的名字后，所有的观众几乎都站了起来，大声叫好，表达出热烈的祝贺。走下舞台后，迎接他们的是一路的击掌庆贺。庆典的气氛能延续到第二天早上。如果受表彰的人实至名归，那么每一个人都会感觉很兴奋。

这么多年来，我们都见到过许许多多的表彰。我们自己也受过表扬。我们也都参加过数百场决定表彰对象的讨论会。我们也很确信，不用提醒你也知道应该鼓励你的团队，让他们知道你的感谢和欣赏。

我们之所以如此确信，是因为你的父母、老师或其他领导者肯定教过你如何说谢谢。虽然你从小就学会了这些知识，但是许多领导者在这方面还是做得不尽如人意。

卡琳和她的丈夫来到了一家豪华酒店，参加一位朋友的婚礼。停车位非常紧张，于是他们转了个弯开到了大楼的背面。

在大型垃圾箱旁边紧挨着几张桌子，它们拼接在一起成了酒店员工表彰午宴的会场。虽然印刷精美的招牌写着感谢他们对顾客的付出，但光靠这些感谢的标语并不足以遮挡后面的垃圾或者抵消弥漫的臭味。

卡琳不敢相信自己的眼睛。她心想：

让我想想清楚。你们是掌管活动的超级巨星。你们致力于让每一

位新娘和每一位公司大会的组织者梦想成真。你们不见得会建议新娘在垃圾箱旁边举行预演晚宴吧？你们究竟着了什么魔，会把白色的桌布放在垃圾成堆的背景上？你们考虑过其他的选择吗？你们真的觉得得到如此“表扬”的人回到工作场所之后能给顾客创造神奇而有创意的体验吗？

肯定有人觉得这主意不错，但光靠觉得是不够的。关键是影响。

如果你想知道收到这种垃圾箱表彰的人会有什么样的感受，小谢就可以告诉你。小谢的经理突然来到她的办公室，说她做得怎么怎么好，说她应该为手下团队的成就而感到骄傲，随后又同样急匆匆地离开了。小谢呆坐在位子上，不知道该说什么，心里也惴惴不安——因为那根本就不是她的项目。

这位经理的本意是想鼓励她，但却没有搞清楚小谢到底做了些什么，结果他的鼓励反而成了一种侮辱。

可能你也见过在颁奖典礼上，当叫到的名字不能服众时，迎接他们的白眼和稀稀拉拉的掌声。观众之中开始窃窃私语，低着头在手机上打出“搞什么鬼？”的怨言。

最后，还有一种领导者会想（或者说），“我凭什么必须鼓励员工呢？这是他们的工作，不是吗？”

小珍在这个问题上很有发言权，她曾经是一家全国性的女装连锁店的店铺经理。小珍个性开朗，在照顾顾客方面天赋异禀，她的区域和大区经理都认为她将来大有可为。然而，在一年的平步青云之后，她辞职了。几个月后，她在一家咖啡馆里偶遇区域经理。闲谈中，区域经理对小珍的离职表达了惊讶。“你是我们最有天分和能力的经理之一。你是能成大事的，结果却退出了。我能否问问背后的原因呢？”

小珍告诉我们，“我大吃一惊，好一会儿才回过神来。区域经理从来没有跟我分享过这些肯定的话。我之前每周，有时每天都会感到非常低落，觉得自己做得不够好。”

小珍对从前的区域经理说，“我觉得我很失败。我都不敢相信自己当时做过什么正确的事情。要是你当时能告诉我我有天分或者能力就好了。”

少说一句鼓励的话会让你失去多少人才、精力和生产力呀！

维持团队精力和动力的赢得漂亮燃料

人类都需要鼓励，这是生活的真谛。你鼓励或者庆贺得越多，得到的就越多；批评或忽视得越多，得到的就越少。如果你想找一支不需要鼓励的团队，不如去找一只猫。否则的话，只要你是与人合作，就需要鼓励他们。

你鼓励或者庆贺得越多，得到的就越多；批评或忽视得越多，得到的就越少。

记住，赢家型管理法的关键是关系，而关系的质量取决于你对员工的投资，只做一次是远远不够的。

如果你是已婚人士，那么可以想象一下，如果你在婚礼之后再也没有说过“我爱你”、没有牵过对方的手或者亲吻对方，那会带来什么样的后果。这样的关系是不可能持续很久的。

从来不对团队成员说感谢或者鼓励的话也是同样的道理。没错，根据他们与公司签的合同，这些都是他们的工作，就像夫妻双方宣誓忠于对方一样。但这并不意味着你可以将这份承诺或者团队的工作视为理所当然的事情。

鼓励并不一定是很困难的事情。当团队成员为集体做出了贡献：

· 与他一同庆贺。

· 问问他在这次的成就中最看好的是哪个方面，最有挑战性的是什么，以及最令他感到骄傲的是什么。

· 想想看他的成就能带来什么样的积极效应。

· 主动将他的成就分享给别人（同时尊重他本人对于公开发布成果的意愿）。

· 微笑。鼓掌。喝彩。提醒。通过种种方法表达出你的诚意。

正如我们在本章开头所说，对于某些领导者而言，鼓励可能会成为一项挑战。许多领袖，尤其是以结果为导向和重心的人，很难在团队面前说出鼓励的话。好在我们这里有几条原则，只要遵循它们，你一定能让员工得到鼓励的燃料，持续不断地漂亮地赢下去。我们首先来看看为什么表扬有时会适得其反吧。

表扬适得其反的原因

表扬固然重要，但是也可能会适得其反。你一定要了解它会产生什么影响。

1. 表扬每一件小事。

你可能听别人说过，“表扬永远都不嫌多。”但我们不这么认为。因为如果家长对于孩子的每一次变化中的每一件小事都只有溢美之词，那么就可能造成意想不到的结果，事无巨细的肤浅表扬对于真正的优秀员工而言可能是一种打击。

我们认识一位经理，他会指导团队领袖对员工说“谢谢你今天来上班”，从而降低缺勤率。如果出勤是你能想到的最值得表扬的行为，那么还是再找找别的事情吧。这并不是说员工的坚持就不值得表扬了，但你如果每天都这么做，就会让这份表扬变得廉价。

2. 带着警告的表扬。

带着警告的表扬是这样的：

· “虽然你做得很棒，但是……”

· “你的表演令人惊叹，除了那首曲子第二节的那次停顿。”

· “虽然你对那名顾客非常友好，但是你提供的是错误的信息。再接再厉吧。”

表扬就是表扬。指正就是指正。虽然这两者都很必要，但是当你将它们相互混淆时，就会令员工的士气迅速低落。

注意：使用将批评夹在两句赞美之间的“三明治法”的唯一时机就是当员工主动找你寻求反馈意见的时候。否则的话，你的批评就会否决你之前分享过的任何赞美之词，你还会给员工留下虚伪的印象。

3. 令人不适的表扬。

有些人讨厌成为焦点。即便只是被请到台上都会让某些王牌选手紧张得浑身起鸡皮疙瘩。还有的人则喜欢受到关注，如果只是在私下里表扬，没有人鼓掌的话，他们会感到很失望。每个人都需要对自己有意义的表扬。

4. 只看数字、忽视行为的表扬。

为了保持“客观”，许多领导者在选择表彰对象的时候都严重依赖于数字和评分。过度依赖于数字是个非常危险的陷阱。如果让一个手段卑鄙的团队成员赢得了奖励，那么你的整个表彰活动就会失去公信力，并且向大家传达了一个信号：结果永远大于过程。克服这一点的好办法就是找出一些额外的行为和相关的指标来从其他的角度看待员工的表现。

5. 只表扬领导，不表扬团队。

领导也需要表扬。有的时候，在团队面前表彰其领导者可以带来极大的价值。然而，这种做法存在一定的风险，必须谨慎行事。在很多时候，最好的方法是利用大型表彰讨论会来表扬团队的努力，将领导个人的荣誉留到其他的场合。

6. 表扬时将大事化小。

“感谢你帮我们节约了 500 万美元，请领取你的奖状。”可能适得其反。你一要确保员工的成就得到了对应程度的表扬，二要确保在同一场活动中给出表彰的领导者相互之间有过沟通对照。

7. 草率的表扬。

我们都见过一些领导者走上颁奖台，念出某个获表彰者的姓名，结果却把人家的名字给念错了。这种错误看起来确实很低级，但发生得相当频繁。就算你笑一笑表达歉意也无济于事。当你把名字念错时，就破坏了你的出席或颁奖所具备的任何价值。你只能让对方觉得，他还没有重要到让你问清楚这个名字怎么念。如果你是受邀在台上与得奖者握手的大人物，那么一定要花点时间了解这些名字怎么念。

8. 照本宣科的表扬。

在我们看来，走到话筒前不用携带冗长讲稿的管理人员总能胜人一筹。他们的话都是发自内心的。他们记不住所有的数据又如何？至少他们的眼神是真诚的。他们说出来的故事都是认真的。务必对表扬的内容有足够的了解，而非照本宣科。

在排除了这 8 种错误之后，我们再来看看确保你的鼓励之词发挥预期效果的三大原则。

有效鼓励的特征

为了提供有益的鼓励，为业绩添柴加薪，我们就要关注三大特征。你的鼓励一定要：

相关；

具体；

有意义。

相关

我们先从鼓励的内容开始吧。想想我们刚才讨论的错误的鼓励。在这些错误中，有不少都是由于管理者鼓励的是错误的行为而导致的。

我常听到的一个问题是，“我们的组织里怎么会有这么多糟糕的领导者？”尽管这个问题可能有各种各样的答案，但最常见的一个是，各个阶级的领导者都可能奖励一些无助于团队持续取胜的行为（这些领导者经常奖励那些帮助他们或者他们的团队赢一次的行为，而非赢得漂亮或者赢得持久的行为）。

你有没有被上司嘉奖过，但心里觉得嘉奖的内容其实并不值得，或者更严重，你知道它实际上会给组织带来长远的破坏？我们都见过许多管理者对某个员工大加赞赏，但其他的团队成员都在翻白眼，默默地想，“只可惜你不知道……”

让鼓励生效的首要关键就是，确保你的鼓励与工作息息相关。

鼓励你想要的行为。

大家有哪些行为能为健康的关系和有意义的结果做出贡献呢？你应该鼓励的事情应该与想要实现的关系和结果息息相关。

说到这里就得聊聊小莱了。

小莱是组织里新设立的效率改善团队的负责人。她的团队会到有需要的地方评估形势，提出建议，卷起袖子没日没夜地支持别人部署改善措施。

有一天，在一场大型颁奖活动上，小莱和她的团队支援过的管理人员们一个接一个地登台领奖，庆贺他们的巨大改进和成就。可是没有一个人提到过她的团队或者她们所做的工作。

活动结束后，小莱把老板雷总拉到一边，怒不可遏。“没有人知道这里面有我们的参与！如果没人知道我们的贡献，那我们还怎么打响名气、树立品牌？如果我永远只能在幕后工作，那么哪里能有升职的机会？”

小莱以为这样就可以提醒雷总帮忙树立他们的品牌，可是他只是平静地看着她。“你为什么做这份工作？”他问道。

“因为我相信我们的员工理应拥有更好的工作环境，而且更好的文化可以带来客户服务质量的提高。”

“我明白了。你确定吗？”

雷总静静地看着她。

他接着说道，“小莱啊，我知道你们工作得很辛苦，也出了不少的成绩。你一定要相信，等到合适的时机，会有合适的人理解你们的贡献的。如果你不相信我的安排，那么也许你该另谋高就了。”

小莱感到无地自容。她的确相信雷总，也的确在乎他们的工作。她是个赢家，但并没有赢得漂亮。她的自信心很强，需要多点虚心来平衡。

而且在此之后，他给出了赢得漂亮的管理者所擅长的反应：静静地坐一会儿，给她时间思考。

随后，雷总打破了这段令人尴尬的沉默，“好了，那么从现在开始，我和你就要像《黑衣人》（*Men in Black*）里面的威尔·史密斯（Will Smith）和汤米·李·琼斯（Tommy Lee Jones）一样。当情况好转、解除混乱，并且结果得到控制时，我们知道自己完成了工作，但其他人都不知道我们的存在。”

这才是品牌建设。

聪明的雷总鼓励了他想要的行为。他让小莱把注意力集中在真正有意义的事情（局面）上面，而不是或许让人感觉良好，但并非真正目标的荣誉（分数）。小莱最后确实得到了她想要的认可，获得了大幅的升职。这为她带来了极大的满足感，因为她和她的团队的工作为组织带来的价值得到了大家的见证。

具体

你已经花时间为团队找出了与工作相关的行为。现在，在你鼓励这些行为时，要具体地说出你所鼓励的内容。说清楚到底发生了什么，以及其重要性的原因。

这样说效果欠佳：“嘿，阿宝，干得漂亮！”

有效的说法：“嘿，阿宝，我衷心感谢你上周为了那个项目加班。顾客对于结果很满意，续订了会员。再次感谢你的额外努力！”

如果你无法说出实际的行为，那么就说明你还没有做好鼓励的准备工作，因为你并不知道员工在做些什么，而他们也不知道有哪些事情该再接再厉。当你花时间了解具体行为时，大家就知道你了解他们的工作，于是你就能巩固他们正面的贡献。

有意义

优秀的领导者知道人各不同。人们想要的鼓励来自于不同的方面，并且通过不同的渠道。就像你在错误清单中所看到的那样，如果和受到表扬的人对不上路子，那么鼓励可能会造成不快。与此相反，有意义的鼓励应该是与工作和人息息相关的。下面这6种方法可以让表扬变得更有意义。

1. 量身定制。

在表扬的时机到来之前，你就得弄明白对于团队中的每个成员而言什么才是有意义的。最简单的办法就是开口问。将其列入你的入伙检查单。当有人加入你的小组时，简单地问一句，“当你出色地完成工作时，想得到什么样的表扬？”

2. 个性化。

每个人都喜欢贴心的感觉。只要稍稍加入点个性化，就能起到很大的作用。有些人喜欢休假。有些人喜欢巧克力点心。有些人喜欢公开表彰。有些人则讨厌公开表彰。有的时候只要轻轻地拍拍后背就够了。你鼓励员工的手法难道真的只有“再接再厉”吗？这可不行（除非你确定员工喜欢这样）。

我们见过的一个最好的方法就是带员工去星巴克（或者请他们喝最爱的饮料）。记得要收好清单发票，并且把每个人的名字写在他或她的饮料旁边。把这张发票夹在表彰名册里面，等上个把月。之后，当哪名员工的出色工作值得颁发咖啡奖励时，就给他买一杯最爱。简简单单，成本又低，你的人事状况将会大为改善。

另一种向员工传达你的赞赏的很有意义的方法就是在开年的时候，给团队购置一系列关于领导、管理或者职业发展的书籍。在每本书上留下独特的题词，感谢每位员工在过去一年里所做的具体工作，同时提前激励他们投身新的项目。这种方法的关键在于题词的高度个性化，要提到一些员工做过的能增加真正价值的具体事迹。通过这种方法，你可以表现你对员工工作的关注和感谢，以及对他们的职业生涯的投资。在收到这类个性化的书籍后，我们总能得到像这样的评论，“我从来没遇到过对我这个人、我做的事情如此关注，并且对我个人的成功做出这么多投资的经理。”

3. 要及时。

当有人做了出色的事情时，她心里肯定有数。在她的激情尚未消退时，让她知道你也有数，这是最佳时机。就算你计划以后会提供更加正式的表彰，也应该先及时表达，说，“哇，这太不可思议了——谢谢你。”

4. 鼓励强项。

在鼓励员工时，要抓住他们在工作中觉得有意义的方面。有的人为了准时交付而感到自豪，还有的人在组建一支出成绩的团队时会感到骄傲。赞赏他们在工作中觉得有意义的方面。当你称赞别人的强项时，对方会感激你的。

5. 合乎局势。

有意义的鼓励还要与其他的组织行为相匹配。例如，如果你对某个员工说，“你太棒了——要是没有你，我们这会儿不知道得怎么办呢！”而同时又给团队中的每一个人加薪，唯独就少了这名员工，那么这样的鼓励就毫无真实性可言了。你要确保言行与组织行为保持一致。

6. 对团队有意义。

最后，记得要对团队整体表达认可。当你在团队面前称赞个人时，要说说他们的行为对团队做出了什么贡献，帮助每一个人走向成功。

虽然日复一日的挑战很容易让你无暇分身，忽视了团队，但是最优秀的管理者和领导者知道，鼓励能够助推团队的业绩、激发团队成员的活力，以及让每个人的注意力都集中在最重要的事情上面。记住：庆祝和鼓励会给你带来更多的收获，视而不见会给你带来更多的麻烦。

要点贴士

1. 你收到过最有意义的认可是哪一次？它为什么如此特别？

2. 对于团队中的每个成员，你最欣赏的是什么地方？写下来。你上次告诉他们这些事情是在什么时候？

3. 你想要表扬的具体行为是什么？员工的哪些行为可以为关系和结果做出贡献？

4. 哪个例子最能说明你想要表扬某人的原因？

5. 在工作出色的时候，团队中的人都希望得到什么样的认可呢？

6. 在这个月里，你可以做些什么来确保团队中的每一个人都知道你对他们的欣赏？你要如何让这份称赞和鼓励变得相关、具体和有意义？

第 21 章

真实：公信力和影响力的根本

“有些事情，只有朋友之间才能分享。”

——J.K. 罗琳（J. K. Rowling）

通过健康的关系取胜并获得长久结果的能力取决于你对员工的影响力有多大。影响力并不是让别人做事的能力。影响力只能从公信力中诞生，即你的员工对你有多么了解、听从、信任和尊敬。

卡琳刚得到晋升，第一次担任人力资源部门的重要领导职位时，正逢威瑞森（Verizon）的一桩大型收购案。所有重要的角色都是新人。卡琳有了一位新的老板、一支新的团队和一些新的高管领导，她得重新建立关系。生活有时就是这么令人喘不过气：她刚好又经历了一次离婚，正在尝试重新调整自己，以一个单身妈妈的姿态步入新的生活和新的家庭。她当时住在巴尔的摩，但这份工作又要求她频繁地到曼哈顿出差。

步入新角色后的一个首要任务就是制订多样性战略。她召集了一个“多样性委员会”，请各个业务单元的代表协作商讨战略和计划。他们的工作事关重大。她深信自己在新的职位上已经风生水起。

直到那一天……

多样性委员会的一名女性成员突然闯入了卡琳的办公室，指着她的鼻子骂道，“你这个骗子！”卡琳被骂得一头雾水。受到这名她所信赖的团队成员这样的指责，令她感到大为受伤。

这位女士继续说道，“我昨天送东西到你的办公室，你人不在，结果我看到你桌上的照片。全都只有你和你的儿子——没有爸爸。你主持这么多会议，让我们想方设法减轻单身妈妈的负担，可是你一次都没有提到过你自己就是个单身妈妈。你还有什么秘密没告诉我们？”

卡琳愣住了。她有合情合理的原因，足以扭转局面，但是却怎么也说不出一个字，因为她找不到合理的方式来解释。

事实是，卡琳一直都小心翼翼地隐藏着自己一团乱麻的生活状况。就连她的新老板也不知道她的情况。卡琳听过太多关于单身母亲需要特别照顾才能正常工作的论调。她心想，“我不能这样。我是个不一样的单身妈妈。我是一名执行官。”

而且，她也参加过许许多多的非公开讨论，知道尽管这种环境应该不会造成什么影响，但却很容易招致他人潜意识的偏见，觉得比起单身妈妈，其他人群会“更合适”。卡琳很确定，如果自己的秘密暴露，那么做决定的那些老板就会质疑她出差和加班的能力。更别说他们会对一个连自己的婚姻都控制不好的人力资源领袖的公信力产生多大的怀疑了。

突然之间，卡琳意识到这些想法，包括她自己的在内，是多么愚蠢。她开始找委员会中的其他成员了解情况。一个男同事说，“虽然我们之前将一些相当重要的事情托付给你，但是现在我们开始对你产生怀疑了。我们不确定还能不能信任你。”

卡琳意识到自己已经失去了员工的信任。她本来可以利用这个美妙的机会，将自己的生活变成活生生的例子，证明一个单身母亲可以做到什么，可以正面对抗任何微妙的歧视，并为那些没有机会参与会议的人代言。

相反，她从一开始就压抑了真正的勇气、埋头做事、保护自己，让自己（和其他人）相信他们一直以来努力制订的是一份革命性的多样性战略。

这根本就谈不上革命。这是取巧。如果她能亮出真正的自我来领导团队的话，能创造出多大的影响力啊！

你是否曾经和卡琳一样，害怕让别人知道真相，害怕被别人另眼相看？

为什么你和你的团队都渴望真实性

我们从来没有见过哪支团队希望管理者撒谎的。真实性多多益善。你自己也能从中受益。下面列举几个管理者和团队渴望真实性的原因。

1. 团队曾经吃过亏。

可不是么，他们都有故事。相信我们。这种故事太多了。在过去的某个时候，他们肯定有过遭到背叛的感受。即使不是发生在你的公司或者根本就与你无关，但肯定曾经有个管理者对他们撒过谎。这是毫无疑问的。他们已经有了防备。他们需要有人恢复他们对真实性的信任。他们需要行动上的保证，而不是口头上的。

在完全确定你能一次又一次地践行承诺之前，他们是不可能对你坦白真相的。你的团队也如饥似渴地想确认优秀的人能赢（并且已经赢了）。你能给团队提供的最好的礼物就是以真实的面貌来带领他们实现引人注目的成果。

2. 你会浪费自己的精力。

表面功夫的粉饰是一场耗费精力、永无止境的悲剧。尝试用另一种人格来领导团队，或者掩盖真相，只能让你精疲力尽、脾气暴躁。你的团队宁愿你拿出真实的面貌，将力量投入到对他们的支持当中，而不是装模作样。玩家型管理者把时间都耗费在伪装不同的人格和表现上，将宝贵的精力都白白浪费，不愿为了创造突破性的愿景、发展员工和完成工作而投资。

3. 你会浪费他们的精力。

当你伪装自己时，就会引导团队做出浪费精力的行为。如果让团队觉得你把工作当成游戏，他们就会花很多的时间尝试弄清游戏规则，而不是做些有产出的工作。实际上，如果你只顾着些表面功夫，那么他们也会有所察觉并效仿。这一切面子工程都会传染开来。它会让大家的心灵和头脑都远离手头的重要使命。你的团队应该选择将精力用在工作上，而不是尝试适应你的游戏规则。

4. 你是他们的救生索。

尤其是在大型组织当中，直属上司是非常重要的。你无法将领导权外包给别人，即使是给你的老板或者人力资源部门也不行。你的员工希望从你的口中听到消息，而且希望看到你并不是单纯地将其他人的讲稿复述一遍。如果他们无法相信你是真诚的，那么他们会求助于谁呢？答案可能就很危险了。

5. 他们（可能）想要成为你。

在团队中，有些人非常热忱地想要在组织中往上爬，但又不想在这一过程中丧失人性。他们正在观察你是如何应对压力的。你是选择坚持自己真正的立场，还是假装成高人一等的形象？

6. 他们想分享重要的信息。

虽然你的团队有想法和解决方案，但他们先要确定有一个能够接受他们的受众群。如果你害怕与他们分享自己的想法，那么他们也不会愿意与你分享他们的。

要想真诚地面对团队，你首先要真诚地面对自己。承认自己的不完美，也承认自己有许多值得分享的价值。

面对恐惧

在《哈利波特与密室》（*Harry Potter and the Chamber of Secrets*）中有一个场景，卢平教授（Professor Lupin）教大家如何对付幻形怪。这种会变形的怪物能幻化成你最恐惧的事物。他将一只幻形怪关在一个2米多高布满蛛网的古老柜子里。当柜子开始晃动时，原本细微的敲打声变成了愈发强烈的撞击声。幻形怪显然想要逃出来。

卢平一个接一个地教学生们将最恐惧的事物具现出来，即想象会从这个柜子中冒出什么东西。随后，他教给了他们一个秘诀。

“幸好我们有一种非常简单的法术可以驱逐幻形怪。”

秘诀就是只要让你的恐惧变得可笑，你就不会害怕它们了。

纳威（Neville）害怕的是阴森恐怖的斯内普教授（Professor Snape）。为了克服恐惧、击败幻形怪，纳威想象了斯内普穿上他祖母的衣服，挎上一只大号的红色手提包，头戴一顶带有秃鹰玩偶的超大帽子的模样。在一阵哄堂大笑中，只听“噗！”的一声，他的恐惧消失了。

在领导力方面，最主要的障碍看似林林总总，但其实都是恐惧乔装打扮的。恐惧有一种强大而危险的习性，就是幻化成阻挡在我们面前的怪物，阻止那些对成功而言最为重要的行为。

在领导多样化委员会时，卡琳最大的恐惧就是如果别人知道她是个单亲妈妈，那么他们就会失去对她的尊重。事实证明，这是个很可笑的想法。讽刺的是，她用来保护自己、隐藏事实的行为才是令员工失去敬意的罪魁祸首。

好了，你可能正在想象，如果自己站在那个柜子前面，会冒出什么样的恐惧呢？大多数人都会想到好几个答案。

我们来试试看。

闭上眼睛。想象那个关着幻形怪的古老的破柜子。那怪物长啥样？说出来。接着，想出一个令它看起来引人发笑的形象。

当我们能说出自己的恐惧，并看穿它的真身（用搞笑夸张的形式来呈现最糟糕的情况）时，我们就能突破它。当你感到害怕时，就几乎不可能对他人坦诚相待了。要想用更加真实的面貌来领导团队，你就得直面自己最害怕的东西。

3 步建立起公信力和信任

在教书的那段日子里，大卫带领一支教师和高中生组成的队伍，到落基山脉开展白浪漂流之旅。他们刚刚从水里上来，换上了干爽的衣物，坐上一辆辆厢式货车出发返回酒店。

大卫自信满满地带领车队驶出停车场，上了一条与高速公路平行的临街道路。这条路的前面会与高速公路交叉，到时候就能转上高速了——至少他是这样想的。

他带领着后面排着队形紧紧跟着的其他司机，上了一个小山坡，可是在翻过山丘顶部，从另一头下山时，他发现道路变窄了。他尽管放慢了速度，但并没有回头，因为他们毕竟是在山区里开，道路并不一定都修得很好。

然而，在继续往山下开的路上，沥青的面积逐渐减少，最后只剩下够一辆车通行的宽度了。前方出现了一个向右的急转弯，再往前的路就已经消失在高架底下了。

这时，他看到了。

一块转角的圆形镜子——那种在杂货店或者自行车道的死角处能看到的镜子。是那种让骑行者能看到转角前方交通状况的镜子。

没错，是自行车。

他刚刚带着团队走上了一条自行车道。

这下他们卡住了——一列货车车队朝着下山的方向，停在了自行车道上。道路两侧的地面都很软，也没有掉头的空间和前进的路线。

你曾经带领团队走进死胡同过吗？也许是你的想法有问题，你的信息是错的，或者只是你把事情给搞砸了？

如果没有，那么你迟早会碰上的。作为管理人员，你不可能因为可能犯错误而裹足不前。有的时候，你不得不凭着手上仅有的信息而采取行动，推动团队前进。

如果行动没有取得成效，尤其是当你犯下了一个真正的错误时，接下来的行动将会决定团队以后还能不能信任你。你接下来说的话将会成为他们对你提出的最重要的一个问题的答案：我们真的能信任你吗？每次搞砸都会给你带来解答这一问题的最佳机会。你可以趁着这些机会建立公信力和团队的信任——或者反其道而行之，失去一切。

卡在了自行车道上的大卫不得不要求所有的学生徒步翻回背后的山丘，到另一边去。在学生离开之后，他就和其他老师一起把车辆倒退上山路，然后下山，一直回到了停车场，这才有了掉转车头的空间。

此外，他必须道歉。

你的团队需要听你说出那三个能立刻建立公信力和信任的字：“对不起。”

许多时候，管理者都不愿意道歉，因为他们担心表现出能力不足或者弱势。这种忧惧忽视了一个显著的事实：你的团队早就知道你不是完美的了。

坐在这些厢式货车上的每个人都很清楚，大卫带他们走上了一条自行车道。同样地，当你搞砸的时候，你的团队通常都会知晓情况或者有强烈的怀疑。这并不是什么秘密。

当你拒绝承认自己犯错时，员工就会模仿你的行为。他们也不再信任你，因为他们知道其他人所谓的完美都是骗人的。与此相反，如果你在搞砸后道歉的话，实际上会增加团队对你的信任。他们知道：

· 你很坚强，能做出正确的事情。

· 你很诚实，能承认事实，即使会让自己显得不那么光彩。

· 你并不认为自己比团队更有价值。

· 比起表面功夫，你更注重解决方案和任务。

这些认识会让他们觉得你是个可靠、可信、可托付的人。在犯下错误时，你只要做几件事情就行了：

1. 负起责任。承认已经发生的事情。干脆点。一方面不要找借口，另一方面也不要把自己一棍子打死。

2. 道歉。用真诚、平静、直白的口吻，就像对朋友或者配偶说话一样。不要带着政治腔道歉。

这样说："真是太对不起了。我会负起责任的。"（真诚、直白）

不要这样说："如果我说过的话让你感到不舒服的话，我表示很遗憾。"（不直接、政治腔、转移责任）

3. 纠正。如果你需要做些什么来改正、修复或者恢复的话，就赶紧去做。那些厢式货车必须倒退回去，掉转车头。

好多年过去了，大卫还是经常会回忆起在自行车道上的那一幕。在犯下那个错误时，他知道让事情重回正轨的最快方法就是把货车倒回去，找到正确的道路。在道歉时，他做了个负责任的榜样、建立了信任，并且给每个人都提供了前进的机会。

在道歉时，他做了个负责任的榜样、建立了信任，并且给每个人都提供了前进的机会。

告诉别人真相

真实是一条双向道路。

你的团队想看到你真实的一面。他们也想知道你告诉他们的都是真相。

只有在真正自信的情况下，你才能说出真相。如果你用花言巧语来掩盖，尽管可以轻易地装作是在保护其他人，但其实最要紧的是在保护你自己。这并不是自信，也不是谦虚——而且这毫无疑问对于建立关系或者实现长期成果而言没有任何帮助。

说出真相的三大规则

坚持遵守这三条规则，你就更容易成为他人眼中赢得漂亮的管理者。

1. 抛弃尿布精灵[①]，不要拐弯抹角。

我们并不赞成在管理学培训中时常被人提到的三明治反馈法（即先给出正面的反馈，然后提出批评，最后再给出些正面的反馈）。对接受方而言这一过程过于冗长，而且这些积极的方面往往到头来听上去就像是在扯淡，再说了，人们记在心里的只有批评的那部分。

自从一位博客读者给卡琳发了这样一条私信后，我们就给这种不

---

① 译注：尿布精灵（Diaper Genie）是一款专门收纳尿布的垃圾桶，通过层叠压缩的方法最多可以同时容纳 270 张尿布。

切实际的反馈法取名叫“尿布精灵”反馈法了：

“我在升任人生中第一个真正的领导职位时，最大的儿子还在穿尿布的年纪。每次我使用家里的尿布精灵时，我就想，反馈和坏消息不也是这样的吗？每一层级的职员都把便便封在一个袋子里，然后扔给上一级。接着，上一级的人就再给它加上一层保护，显得更加干净。等到最高一层收到这份便便时，已经闻不到任何臭味了。”

如果你从一开始就诚挚关注、直言不讳，那么事情会变得顺利得多。在本章的末尾，我们会提供一种很有帮助的方法。

2. 不要兜圈子。

你在管理会议中有没有遇到过同事们走来走去，四处询问“我们该怎么跟员工解释这件事，让他们能接受、理解、不反水呢？”的情况？传达坏消息的方式是很重要的——非常重要。

可是，如果你总是在一场接一场的会议中玩文字游戏，想把实际发生的情况说得更“好听”，那么最好先问问自己这个问题：“如果你告诉员工实情呢？”

- 加班太多了；所以我们必须提高生产力。
- 股价现在不景气；所以亟需更好的财政策略。
- 我们需要确保没有人在吃闲饭。
- 这种新的自动化方案效率更高。

人们想听到真相。不要兜圈子。如果你实话实说，而不是炮制一些好听的说辞，那么大多数人都会更加尊重你。

当人们觉得受到尊重时，他们就会回应。

当人们觉得受到尊重时，他们就会参与。

当人们觉得受到尊重时，他们就会尝试。

而在另一方面，如果粗心大意地分享未经筛选的真相，那么也会造成生产力降低的损害。在实话实说的基础上，思考下面这些问题：

· 当前状况最好的方面和最坏的方面是什么？
· 会从什么方面对谁造成影响？
· 有哪些问题，与谁的关系最为密切？
· 我应该再提供哪些额外的信息？
· 他们还会提出些什么问题？

即使后果看起来很吓人，我们也从来不后悔在真相上犯错误。就算令人不堪的真相会造成短期的焦虑，但只要妥善地告知员工，那么你从中建立起来的公信力就足以抵消这点风险。

3. 开放地接受别人的真相。

用真实的自己面对团队，也让他们用真实的自己面对你。如果你想扭转局势，那么就需要更多的真实性。

或许一开始并不明显，但两位笔者都发现，大多数人都会感谢说出真相的人，即便有的时候那是刺耳的真相。如果你能保持真诚，并及时遏制恶性状况，那么员工的状态就能得到长远的改善。

要点贴士

1. 如果你更真诚地面对团队，会带来什么不一样的结果？

2. 你的领导力柜子里会冒出什么样的恐惧？说出来。你能不能学习卢平教授的例子，看到这份恐惧的可笑之处？

3. 你有没有让员工失望过？伤害过他们？违背过诺言？如果有，那么你可以在什么时候通过何种方式来道歉，从而恢复你的公信力？

4. 将你的领导信条写下来，重新思考一下。将“我相信的事情”写出来可以很好地帮助你反省自身。我们在每次委任时都会做这样的尝试。每年，或者在每次委任后，花点时间把你的想法写下来，时不时地给自己评估一下。这种方法可能会触动你最羞愧的地方。在我们的网站 www.WinningWellBook.com 上可以找到一份步骤详细的指南，帮助你建立领导信条。

第四部分

把握时机，乘胜追击

你已经得到了许多能帮助你赢得漂亮并长期维持优异成果的工具。然而，根据我们的经验，在前进的道路上有一些常见的绊脚石，它们可能会阻碍你运用所学到的这些技巧。其中许多障碍都与你身边的人有关：你的老板和你的员工。在这一部分中，我们会讨论其中你可能遇到的最常见的场景，并提供克服所有困难的赢得漂亮的工具。最后我们会教你如何应对可能遭遇的最麻烦的障碍：你自己。

第22章

D-A-R-N法：出问题时的向上管理

“没有人是为了作恶而去作恶；他只是将其错当成了快乐，当成了他所追求的善行。”

——玛丽·沃斯通克拉夫特（Mary Wollstonecraft）

虽然你努力地想做个赢家型管理者，但是如果你的老板更像个利用型、玩家型或者取悦型管理者的话可怎么办呢？你还能成为赢家吗？

杰总关上了门，紧急会议开始了。尽管他不得不说出一些坏消息，但他知道这些手下能够应付得了。不然他们也不会“薪资丰厚”了。他直言不讳。股价、竞争的压力、重整旗鼓的紧迫。就是现在。恐吓的程度已经够高的了。他涨红了脸，青筋暴出，大吼一声，“赶紧搞定，否则滚蛋！”

他原本从来不会在第一线使用这种口吻。他在交流中总是鼓舞人心，深得员工的喜爱。他相信这些领导者能够领会他这句话的含义。

新任的副总葛蕾在杰总的会议结束后虽然还有些惊魂未定，但对于他的意思一清二楚。她将直接下属都紧急召集起来。尽管他们当时已经在实施计划来应对关键问题了，但她担心速度还不够快。她需要立刻马上让别人看到进展。她将杰总的话谨记在心，非常肯定自己的职位已危在旦夕。

她通常不会依靠恐惧和威吓的手段。虽然在大多数时候，她是个赢家型的模范，但是此时她还在学习新公司的文化，觉得这些员工已经习惯了这些方法。再说了，她的团队都是些久经压力的资深领导者。尽管她原本从来不会在第一线使用这种口吻，但她相信她的团队能够领会她这句话的含义。

葛蕾的技术经理小毕在会议结束后还没缓过气来。他想，“葛蕾从来没有这个样子过。她好像根本就不在乎我们怎么想。她只是告诉我们要做什么。肯定出什么大问题了。如果她是这个意思的话，我真不知道她在隐瞒些什么。”

小毕担心他的运营主管团队不会认可她的计划。毕竟他们已经度过了好几个月的疯狂时期，个个都几乎要累趴下了。而且他也知道这项决策目光短浅、影响质量，而且会造成一系列的重复劳动。

不过，现在的局势显然容不得半点马虎，于是他决定干脆当一名优秀的士兵，乖乖敬礼，听从命令。他现在身上还背着贷款，女儿也马上要上大学了。这个时候站出来当个否定者可不是什么好主意。

小毕把他的运营主管们叫来开了个会，将局势的严重性告诉了他们。因为他需要引起这些人的注意，所以就觉得稍微恐吓他们一下也无伤大雅。再说了，他知道自己是即将转移到其他部门的少数幸运儿之一。他用不着去处理后续的效应。

于是小毕就对这些主管们说，“我想让你们把这事搞定，需要用什么方法就用什么方法。如果有人抱怨，就给他记一笔，说他不服从命令。”小毕知道自己稍微有点强硬。他原本从来不会在技术人员面前使用这种口吻。但他拥有一批优秀的主管，相信他们能够理解自己的意思。

假如小毕是你的老板。当你找技术人员谈这个问题时，还能漂漂亮亮地完成这个任务吗？

恐吓的雪球

不要大意。玩家型、利用型和取悦型的风格是会传染的。不要让不良行为滋生开来。

你从坏老板身上学到的东西和从好老板身上学到的一样多。

首先，你要密切注意压力对你、你的员工和你的家庭所造成的影响。找出对你实话实说的人。也要记得忠于你自己的领导哲学。

想办法让自己沉静下来：就像一根避雷针那样。它能吸收闪电的能量，转而传导入大地之中，避免对建筑物造成损坏。锻炼、冥想和祈祷都是沉静的好方法。记住，你是那个知道如何赢得漂亮的人，而你的老板只不过是你生命中的一个过客罢了。这一季终将结束，但你永远还是那个你。在沉静下来，恢复理智后，有意识地控制自己与别人沟通的方式。即使在重重压力之下，你依然可以控制自己。本着你的价值、你的信心和谦逊，以及对关系和结果的关注，做出你的选择。

其次，不要忘了你从坏老板身上学到的东西和从好老板身上学到的一样多。仔细观察你的老板的行为对你和你的团队成员们造成的影响。做好笔记，或者列成清单。立志不要成为那样的人。

如果上述例子中的任何一种管理者能有足够的自信和虚心，提出几个战略性的问题，或者花点时间讨论出一个将注意力放在结果和关系上的解决问题的最佳方案，那么他们就很可能得出一个更有效的解决方案了。

但是在封闭和保护自我的同时，他们就出卖了自己的人性，让事情更加恶化。

谈谈心

卡琳回忆起在不久以前，她也有过失去人性的感觉。那几周一直都很不顺利。种种挑战的组合拳打得她的团队失去了平日里的优秀业绩。他们需要马上看到点振奋人心的成果。直到团队中一位值得信赖的经理打来电话，坦率地说她“变了”以后，卡琳才意识到自己的压力已经显露在外了。

这些话刺激她看到了无情的现实。他说得没错。从内心而言，她为他们的使命、他们的事业和他们的职业而忧心忡忡。但是从外表看来，她的行为更像是个利用型管理者。她开始变得像她原本拒绝成为的那一类老板。团队的热情已经被扑灭得危在旦夕。原本互帮互助的风格转变成了疯狂的控制。她径自加入第一线的电话会议，还要求在向管理层汇报之前进行更多的演练。她不再信任这支能力强大的团队，而选择仔细地核查每一 PowerPoint 文档的每一页内容。

她为了保护团队免受压力摧残的努力起到了相反的效果。

就在第一通电话还在脑中回响时，铃声又响起来了。是她手下的另一名经理打来的。这时，卡琳意识到这两位经理肯定事先交流过，商量好了要说些什么。第二名经理说，“你的方法是可以的。坚持到底。我们相信你，相信我们自己，也相信我们的使命。我们每个人都支持你。你只要告诉我们你需要什么就行了。”

大卫也在非常相似的情况下听到过这样的说辞。深受信赖的直接下属阿凯有一次对他说，“你已经不是那个大卫了。发生什么了？我们能帮你吗？”有的时候，老板需要从你们的视角来看待自己。当你站在支持和同情的立场与老板谈心时，会比在他的背后责怪他有意义得多。

我们都需要有人提醒自己什么才是赢得漂亮。我们的团队可以提醒我们：

· 我们并非孤军奋战。

· 装作坚强其实是弱小。

· 在员工道出真相时，领导者才能帮助他们。

· 优秀的团队会让管理者负起责任。

· 他们想知道真相。

· 优秀的领导者会说出真相。

· 勇气就是忠于自己的风格。

多年来，我们都听过员工的抱怨，说我们如何伤害了他们的感情，忽视了他们的努力，丢了他们的面子或者反应过度了。这一次次交流都会帮助团队变得更加强大，也帮助我们提高效力。

有的时候，赢得漂亮的最佳方法就是帮助老板看见他的行为对结果和人员造成了什么影响。

此外，还有一些更愉快的方法来处理这些情况。

我们认识一位情绪容易大起大落的副总裁，她的团队就在她桌上放了两个几乎完全一样的芭比娃娃。第一个娃娃被打扮成了完美的标准芭比风格：成套的衬衫、鞋子和珠宝首饰。而另一个娃娃的脸上用记号笔画了一张邪恶的脸，头发看起来也像是被狗给啃过一样。

他们会选择在“好芭比”的日子找她商量计划。他们请她将最符合当前情绪的芭比娃娃拿出来，当成一个警示信号。这样一来，她的团队就知道在她心里的邪恶芭比蠢蠢欲动的时候低调行事。她笑着接受了这份礼物，按照他们的吩咐借用这些娃娃来舒缓情绪。甚至当某个团队成员跑来把她架子上的芭比娃娃换掉，告诉她团队现在对她不太满意时，她也能坦然接受了。

尽管偶尔会发生令人沮丧的情绪波动，但她依然是个出色、振奋、热忱的领袖。她手下的每一个人都在她的关怀下得到了成长。如果团队因为她的情绪爆发而自暴自弃，那么就会错过学着她赢得漂亮的机会。

在大多数情况下，如果你的老板没能赢得漂亮，那么也不会对此感到特别舒坦。如果每个人都沉闷压抑，那么你的老板多半也是一样。糟糕的关系必定是一条双向道路。一定要尽己所能地建立良好的关系。

对话的开场白

你可以通过如下问题来展开与老板的对话。

1. 我具体能做些什么来更好地为团队的使命提供支持呢？

2. 你的同事对我怎么评价？

3. 我应该和谁合作得更加紧密？

4. 我能做些什么来提高工作的效率？

5. 你认为你自己的职业成功归功于什么？我可以如何在这种环境下提高能力？

6. 我的做事风格有什么让你最困扰的地方吗？

7. 我具体要做些什么来为 ××（此处应是你最感兴趣的职位或任务）做好准备？

自信而谦虚地向上管理

信心和虚心是赢得漂亮的基石。它们也是与老板维持恰当关系的重要因素。记住一些发挥信心的行为：了解、掌控和利用你的强项，坚持重要的事情，以及说实话。即使与老板有分歧，也要勇敢地坚持和分享你的观点。

当然了，每个老板都是不同的。要了解和适应她的风格。如果你怎么都说服不了老板，那么可以试试下面这些小技巧：

1. 不要在你的同事、她的同事或者你的团队面前对抗她。

私下里对话。让你的热情激发更有力的论据，而不是更失控的情绪。保持冷静。感染对方的心灵和想法，但不要将你自己的情绪表露在外。虽然举个例子或许能发挥些作用，但你得预先打好草稿。过分的情感渲染会削弱你的论据。

2. 做好功课。

她的目标是什么？她的老板会因为什么而夜不能寐？从她所在乎的事情出发，考虑你的观点。准备好要回答的问题。整理数据。整理更多的数据。用她的方式来整理数据。找找其中的毛病。如果她不喜欢数据，那么就收集些例子。但为了以防万一，你还是得多整理点数据。

叶姐管理着一支保险公司会计团队。由于无法解决一个暴露出来的问题，她的队伍的士气陷入了低谷。客户服务部门为了走捷径而造成了公司每年 300 万美元的额外成本。这些会计已经试着与客户服务部门沟通，但没有取得任何成果。叶姐找首席执行官讨论这个问题。她没有开口就说，“我的队伍士气不行了”，而是说，“我的队伍发现了一个能每年节约 300 万美元的方法。这需要与另外一个部门协作完成。你想了解一下吗？”首席执行官当然肯花时间听了——因为叶姐做过功课，从老板关心的方面介绍了她的问题。

3. 诚实地分享你的担忧。

说出你的真实想法。分享你对公司的担忧。提出几个站得住脚的论点。认真听取别人的想法。你的老板眼界更宽，对环境的考量更周到。尽可能地从中学习。充分地吸收他的想法，把评判先放在一边。多听他讲讲。接受他的观点。老板并不是心眼坏。他也有压力。理解他。尽可能地去学习。然后思考，深刻地思考。

如果你依然相信自己是对的，那就拿出数据。画出图表。给出相关性。用示意图来解释。找些案例。与最佳方案作比较。请支持你的团队发表看法。对我们而言，这通常就指向了财政负责人。她非常优秀。你也可以一样。那些人通常都通情达理、深有见地，而且能帮助你澄清和支持你的立场。说服别人认真思考你的观点。在听众当中激起一阵小声的议论，通过其他人的嘴巴来支持你的努力。

当然了，自信的虚心这一特质还有另一个方面，那就是虚心：了解你的弱点、承认错误，并欢迎挑战者。就像在所有的关系中一样，当你在努力增进与老板之间的关系时，虚心也是非常重要的。

出问题时的向上管理

也许保持虚心最重要的时机就是在你把事情搞砸的时候了。在出现坏消息的时候，你可能犯下的最严重的错误就是等得太久。就算你不需要老板出手相助，他也希望能知道事态的进展。我们建议使用这里的 D-A-R-N 方法作为你的指南。

D：公开（解释情况和根本原因）

“今天实在够呛。我们遇到了一点状况，我需要跟你汇报一下。发生了……，现在我们面临着……。在深入研究以后，我发现原因是……。”（指出某种行为或者情况，而不是一个人。）

A：负责（不要只怪罪别人）

“我负全部责任。下次我会这么做来避免类似情况发生。”

R：对策（分享你的解决方案）

“我已经采取了这些措施。”（一定要有些东西可以拿出来讲。）

N：下一步（分享你的计划和需求）

“我接下来会这样做……我希望你能帮我（如果有需要的话）。”

要点贴士

1. 回忆你遇到过的最糟糕的老板。你可以运用上述哪些赢得漂亮的方法呢？如果你当初用了这些方法，会不会带来什么变化呢？

2. 你是否曾经屈服于或者散播过恐吓呢？你该如何金盆洗手，回到赢得漂亮的方法上？

3. 回忆一下曾经非常想要说服某人接受你的观点的时候。利用信心加虚心的说服策略来计划谈话的内容。

4. 从 www.WinningWellBook.com 上下载我们的《与老板建立更好的关系评估表》。完成这份评估，并邀请一位直接下属也做一下。将其作为基础，思考如何让你们的关系变得更有生产力。在做过一番实践之后，看看老板是否愿意与你一同完成这份练习，并且也用它来增进你们的关系。

第 23 章

团队脚步太慢怎么办？警惕 6 种团队危机

"被击败往往只是临时的情况。放弃才是永久的。"

——玛丽莲·沃斯·莎凡特（Marilyn Vos Savant）

当你有了一张明确的前景蓝图，但是你的团队却没有迅速跟上你的步伐时，那感觉就好像是把陷在泥地里的汽车给拖出来一样。在最近的一次登山野营中，大卫女儿的好朋友小佳把车开到沟里去了。在滑溜溜的泥地上覆盖了半米左右的积雪，小佳的车才开出没多远，就在距离大卫所在的小屋几百米开外的地方滑到路边去了。他试着倒车，结果发现轮胎已经陷进去了。这下只能把车拖出来了。

好在小佳有一根拖车绳，而大卫的运动型多功能车是四轮驱动的，不容易打滑。他们将绳索牢牢系在两辆车上，这时，小佳问接下来该怎么做。他从来没有拖过车，于是他们就讨论了为什么要把绳索挂在汽车的框架上、接下来要往哪个方向开，以及如何慢慢地积累动量。他们还聊到万一出了岔子，会导致其中一辆或者两辆车都遭殃。

拖车和管理有一些共同点。当你察觉到团队没有要赢或者听从指挥的想法时，那感觉就和车子陷入泥地，轮子空转一样。当员工似乎各自为政时，你可以通过几种方法来恢复动力。

拖车成功与否取决于两辆车之间的联系是否牢固。例如，不要将拖车绳挂在任何一辆车的保险杠上。这样的联系是不牢靠的。实际上，你可以在网上找到好几个小时的相关视频，很多人都把朋友的车的保险杠给直接扯下来了。他们没有把绳索挂在车的框架上，于是在牵引的时候就把车给拉坏了。

就像拖车要拖车的框架一样，作为管理人员，你的影响力也取决于你与员工之间联系的紧密程度。你需要分享工作背后的意义和目的。了解员工重视的价值，并将这些价值与他们的日常任务联系起来。

在对为什么必须进行这项活动的价值和原因都阐明清楚之后，你才能建立起最有意义的联系。如果没有这样的联系，你很可能就会要求团队做些对他们而言毫无意义的事情（成功的可能性也就微乎其微了）。

你的影响力取决于你与员工之间联系的紧密程度。

在听取员工的意见时，你也在强化你们之间的联系（参见第6章）。问问他们觉得这支团队能够做到什么，他们为什么要做手上的工作，以及他们会如何对已经得到的成果加以改进。

在拖车时，不要把车子往侧面拖，否则的话就可能扯坏一条轮胎甚至整根轮轴。相反，首先要往车子正面的方向或者背面的方向拖。这样可以尽可能地减小汽车承受的压力，并让轮胎转起来。

这与管理团队也很相似，你必须了解他们目前的能力、培训和优先事项。如果你要求他们做些不知道怎么做的，或者他们目前的工作负荷无法承受的，或者与他们目前的优先事项相冲突的事情，那么结局肯定会让你失望的。

与我们合作过的许多利用型管理者在碰到这种情况时会选择提高拉力（他们会大吼大叫、贬低员工、大发雷霆）。这就相当于朝着错误的角度拖车，以致把车轱辘给扯断了。即便是最好的情况，你的员工也会对你失去敬意。而在最坏的情况下，他们会背叛、退出甚至搞破坏。

当你需要让团队朝其他方向前进时，首先就要仔细了解他们的能力、培训和优先事项。你能占用他们多少资源？你能为他们安排什么样的培训？你能怎么帮他们安排优先任务，并逐渐让他们朝着新的方向奔驰？

不要猛踩油门。当大卫把小佳的车拖出泥潭时，泥地是非常湿滑的。如果他加速得太快，那么轮胎就会高速旋转，陷入泥中，让两辆车都动弹不得。

如果路面很干，他又冲得很快，那么就要么会把其中一辆车的外壳扯下来一部分，要么就把拖车绳给绷断。作为管理者，你对前进的方向和需要发生的事情有着明确的大局观。这对于你而言是显而易见的。

但是，如果缺乏有效的交流，对你显而易见的东西对员工而言就不那么明显了。我们认识不计其数失意苦恼的管理者，在半年前将程序中的一处变化告知了团队，现在却气愤地发现团队依然没有实施这一改变。

为了和缓地牵引并积累动量，你就得频繁地传达目前的情况、背后的原因，以及每个人负责的具体任务，然后还要检查大家是否都理解清楚了。在讨论的最后，要请团队成员分享他们对期望的理解。

稍微放慢节奏，帮助员工朝着新的方向积累动力。

丧失信仰

为了恢复动力，你接下来要处理的就是团队的信仰。记住，当你将他们的工作与意义、目的和共同价值明确地联系起来时，他们才有机会听从你的领导。要确保他们有能力完成必要的工作和良好的沟通。

可是如果你已经用尽了这些办法，但他们仍然在慢慢地陷入泥潭之中该怎么办呢？当出现如此强大的惯性时，几乎肯定是在哪一层出现了信仰的崩溃。当团队失去信仰，就会停止脚步。如果你的团队已经失去了这种奇妙的感觉，那么就得注意丧失信仰的苗头了。

1. 他们不再相信你。

虽然这可能通过各种各样的形式表现出来，但最后几乎都是归结于信任的问题。他们不再相信你会在背后支持他们。或者他们不再相信你有对上司、下属或者同事说出真相的勇气。也可能他们不再相信你所指明的方向了。

这是个很难解决的情况，而且只有在找到了真正的问题所在时，你才可能成功。见缝插针地展开一对一的对话，挖出根本原因。你要意识到语言能传达的程度是有限的。你的团队会细心观察你行为中的蛛丝马迹，觉得真正应该相信什么。

2. 他们不再相信组织。

尽管对你的信任可能深似海，但如果团队开始质疑组织的道德或者未来，也可能会涣散精力、失去热情。他们会观察你身上的线索——因为他们不会相信你不相信的东西，所以一定要检查自己的态度、信仰和行为。

如果你怀疑团队在这方面有了疑心，可以给他们机会表达和讨论这些顾虑。多数情况下他们的自我想法都把现实情况估计得太坏了。

3. 他们不再相信理由。

“为什么”给人带来的激励远比“怎么样”带来的多。你要保证员工理解更高层面的利益和自己在其中扮演的角色。可以趁此机会巩固团队的愿景，并确保每个人都知道自己所处的位置和背后的原因。

4. 他们不再相信同事。

如果员工互相之间没有信任的话，任何增进员工活跃性的策略都会黯然失色。密切注意自己是如何担负责任、铲除障碍和鼓励团队合作的。

5. 他们不再相信自己。

你有了明确的职责和愿景，很好，团队也像花生酱果冻一样紧紧地追随着你，也很好，但是如果团队中的人缺乏自信，觉得没有完成工作的能力，那么他们还是与成功无缘。定期地评定个人和团队的信心等级是一种好方法。如果他们认为你的目标是天方夜谭，他们就会让自己选择放弃。

6. 他们不再相信自己能带来变化。

也许他们在一个大型项目中埋头苦干，到头来才发现风向一转，自己的努力已被淘汰。或者后续的流程搞得一团乱，以至于他们做的任何工作都被后期能力的不足而白白浪费了。如果员工觉得自己的工作可有可无，那么就不会再进行任何真正有意义的工作了。

你需要解决这些问题，并想方设法恢复他们工作中的价值。你可能需要从组织架构的上层请求救兵。

个别的讨厌鬼

当员工裹足不前，失去赢的动力时，另一个需要仔细观察的地方就是个别人。

在知道小西为了解决问题都做了些什么时，卡琳的心都凉了。实际上，尽管小西非常担心，但这个项目的进展还是相当突出的。小西和她的团队在短短的时间内已经有了很大的成就：一年的明确展望、针对最重大目标的坚实的行动计划、共享式领导的执行模式，而且小西也已经在同事当中挺身而出，为这份行动计划协调资源。

当他们上个月将这份计划呈献给首席执行官时，被称赞为“金点子”。他们现在万事俱备，只欠执行了。

小西早就品尝过名为压力与机遇的鸡尾酒的美味，做好了赢得漂亮的准备，但是卡琳接到的这一通电话说的可不是这档子事儿。她遇到障碍了。

“每个人都在努力。但是有一个同事非常反对。”

她想尽了一切办法让他参与进来。联系。倾听。公开。更多的倾听。提问。包容弱点。分享荣誉。

在彻底失败后，她得出了结论，“这意味着我没资格做这个领袖。”

你曾经多少次得出过与之相同的结论？没错，你已经本着虚心的原则做了所有的尝试，可是有的时候，问题并不出在你的身上。讽刺的是，如果你觉得完全是自己的原因，那么这反而叫作自大。

卡琳为了确保不错过任何细节，谨慎地让小西再完整地重复一遍她刚才说过的话。这一次她又补充道，“我知道我从前可能有些问题，但这一次我非常肯定。我做得很好了。我敢保证。”

这可能就是一部分原因了。就算你努力想要成长，别人还是会记得你过去的行为。小西从前的风格相当强硬，有可能这个同事是在明哲保身，担心小西最后会现出原形。

小西介绍了她与其他团队成员建立的联系。他们的互动。请来的外援都打消了“恐怕不行”的怀疑态度。可见她做得很棒。

这时卡琳就问道，“哎呀，可能我才是那个没用的人。”她已经找不出什么启发性的问题，而且更糟糕的是，脑中连一点建议的影子都没有。她问出了剩下的最后一个问题：

“没有他你能成功吗？”

“能，”小西答道，“但是那就失去了很多的乐趣。”就是这种精神。小西的大局观很好。

卡琳接着问道，“我明白了。这对于业务来说是必需的吗？其他每一个人都是这样认为的吗？”

“没错。没错。没错。”小西非常肯定。

卡琳总结了一下，“那就想尽一切办法拉他入伙。对自己的愿景保持信心，对自己的方法保持虚心。但是在一天结束时，要让项目能继续前进，并且确保老板了解具体情况。”

有的时候，团队停滞不前的原因是其中的一两名员工。他们就像是巨大而沉重的船锚，将所有人都拖入了更深的泥潭之中。当你任由这种消极怠战的行为延续，就会有损你的公信力，逼走最优秀的员工，并让剩下的人失去为之奋斗的理由。表现出众的员工最讨厌的就是看到搞破坏的队友火上浇油。如果你已经尝试过在之前的章节中介绍过的方法，而他们依然像是烂泥里的猪一样原地打滚，没有一点改过自新的想法，那么就应该做出强硬的选择，请他们出局（但要怀着同情心；参见第 11 章）。

要点贴士

1. 你依然相信你的团队可以赢吗？如果答案是否定的，请翻阅第 24 章。

2. 是整支团队都在苦苦挣扎，还是有一两个捣蛋鬼在拖大家的后腿？

3. 如果整支团队停滞不前，那么是不是缺乏联系的原因呢？你牵引他们的方向是否超过了他们的承受范围？你是不是节奏太快了？或者他们对某一方面缺乏信仰？你该如何找出真正问题所在并恢复他们的动力？

4. 如果问题出在一两个捣蛋鬼身上，那么是什么阻止了你对他们采取直接的措施？

5. 你该如何克服这些阻力，帮助团队前进？

6. 问问自己这几个基于第三部分的问题：

· 我是否将他们当成有血有肉的人来看待？
· 我信任他们吗？
· 我在支持他们吗？
· 我在与他们保持联系吗？
· 我在倾听他们对我说的话吗？
· 我把他们当作自己人吗？
· 我们正在成功吗？
· 我在表扬他们的贡献吗？
· 我们在享受乐趣吗？
· 我在以真实面貌对待他们吗？

第 24 章

在低谷时逆转取胜的 10 点提示

"赢并不是抢在别人前面，而是抢在自己前面。"

——罗杰·斯陶巴（Roger Staubach）

你不可能寄希望于带领团队到达一个你自己都到不了的地方。如果你自己都不是一个赢得漂亮的管理者，那么希望就更渺茫了。幸运的是，只要首先亲自承担责任，通过一个简单的问题为自己创造机会，即使面对逆境也要寻找信心，并且学会如何在负面的工作环境下蓬勃发展，你就能鼓舞和激励自己。

我们希望当你在翻阅《深度管理》的过程中已经找到了令你茅塞顿开的智慧。虽然你已经收入囊中的这些工具、提示和策略具有改变你的工作和生活的力量，但要小心一个隐蔽的陷阱，它可能阻碍你获得这些好处。这个陷阱的魅惑力很强，许多怀着雄心壮志的管理者都被它的塞壬之歌给蛊惑了。

两位笔者之所以知道这一点，就是因为我们都曾受困于它强大的魔爪。

这一陷阱的棘手之处就在于它看起来很美，但却百分之一百能阻碍你成为更好的管理者。我们称之为恶性威胁传教士综合征。

这种病症是这样的：你读了一本书，发现里面的信息非常有价值，接着，就在你要利用这些信息提高自我时，脑中就冒出了这么一个想法，"某某最需要这个了。"传教士综合征可以有多种的不同形式：

1. “我老板需要立刻读一读这本书。”

2. “要是我的经理现在在这儿就好了。”

3. “我的同事需要这份清单。”

4. “我需要把这些内容分享给我的团队。”

当我们偶遇某种有意义的事物时，立刻就想把它用在别人的身上，这种倾向就是传教士综合征。如果你是一名致力于员工成长的管理人员，那么这种倾向或许看起来非常无私。毕竟你是在为他们的利益着想，并帮助他们的职业发展，不是么？如果管理人员的表现不尽如人意，那么你很可能会希望这些领导者能践行你刚刚发现的某种好方法。不管是通过哪种方式，这种极具诱惑力的陷阱会让你脱离最重要的一项任务：将你的所学应用到自己的身上。

在将此书推荐给生活中遇到的每一个人之前，你得花点时间问问自己：

1. 我已经在自己的管理实践中掌握了这些信息吗？

2. 我想要分享的对象能将我视为榜样吗？

3. 我是否努力地学习这些信息并将其应用到自己的生活中？

如果任何一个问题的答案是“不”，那么你就得先从自己做起。下定决心掌握你偶然发现的这些原理、方法和提示。首先将它们应用到自己的生活中，然后再邀请其他人与你同行。不要一开始就说，“我的老板是个混蛋，她真的有必要看看这个”，而是说，“这能帮助我成为我希望老板成为的那种领袖吗？”在独善己身之后，你就可以尽量多买几本书把邮箱塞爆了。

改变人生和领导力的 4 个字

几个月前，卡琳收到了博客读者杰森（Jason）的一封电子邮件：

能否请您给一位一败涂地的管理人员一点免费的建议呢？我现在在某种领导职位上已经工作了 10 年了。两年前我接下了公司里号称“挑战性最强的团队”的经理的工作。虽然有那么点不信邪，但我还是准备好要接受挑战的。

在几个月前，主管在和我讨论的时候说我需要赢得团队的控制权，说我并没有让他们肃然起敬。我之前监管过两支团队，从来没有人跟我说过类似的话。在茫然和困惑中，我回去上班了。

我一直与大家并肩作战，他们做什么活我也做什么活，在召开晨会的时候还会给他们带早餐或者甜甜圈。如果我需要他们做些枯燥、污脏和令人不快的事情，那么还会带他们去附近的牛排店吃一顿好的。他们如果需要更好的工具和装备，我就会支持并提供给他们。我会面对面地请他们说说，需要我做些什么来更好地合作和改善他们的工作生活——尽管回应的情况不多，但至少也有几个人告诉过我。

今天我居然被主管痛斥，说某个员工只是工作负荷高了点，就觉得这不是自己的分内事，觉得被欺负了。典型的反应就是，“我想做什么就做什么。”这种事情发生了三次。每一次我都尝试了新的方法，含蓄地提醒这名员工，到现在已经只能放弃与他合作了。如果真这么做，那么只能引来麻烦。

所以，如果是你的话会怎么处理呢？我已经江郎才尽了。我放弃了。当我开始通过这封电子邮件，从一个陌生的外界来源寻求建议时，我痛苦地发现自己真的已经无计可施。

读到这里，你已经是个赢得漂亮的专家，拥有了解密这一状况的根本原因并予以改善的一系列工具。如果让你来指导杰森，你接下来会怎么做呢？

你多半准备提出一些有意义的问题，挑选和使用几个来自第 2 和第 3 部分的工具，然后转入第 23 章的内容，帮助他更好地管理老板。旁观者清，不是么？

我们都是一样的。在自己的职业生涯中，我们都有遇到阻碍、缺乏自信或者搞不明白为什么别人的思维方式与我们不同的时候。

比起杰森的苦恼，你可能只要有不到一半的困惑就马上觉得，“也许我应该干脆放弃。”

在事情恶化到这种地步时，我们鼓励你从这 4 个字开始：“我能如何……？”

通过这 4 个字，你可以：

· 将注意力转移回自己的行动权力和能力

· 挖掘出前额皮质（大脑中解决问题和制订计划的部分）里的能量

· 大幅提高找出解决方案的机会

对你能够控制的一样事物负起责任和担当：你自己。我们来针对杰森的状况试着提出几个“我能如何……”的问题吧。

· 我能如何更好地理解这名员工的抗拒行为？

· 我能如何帮这名员工找到更合适的位置？

· 我能如何从团队中获得更多的输入和反馈？

· 我能如何设定更明确的期望？

· 我能如何更好地理解老板的想法？

甚至可能还有：

· 我能如何找到一份不这么令人灰心丧气的工作？

面对“我能如何……？”的问题时，你可能会诚实地回答，“我不知道。”这很正常。这时就要用上我们之前讨论过的那个问题：“如果我知道的话，我会怎么做？”

接着就看看会有什么变化吧。在为自己开辟机会的同时，你会惊讶地发现自己居然能想出这么多的点子。有的时候你会发现自己缺少制订解决方案所需的信息。那么这个问题就会变成“我能如何获得所需的信息”了。

在缺乏自信时如何领导

我们通篇都一直在谈论信心与虚心、结果与关系的重要性。在与我们合作过的管理人员中，有相当多的人都表示最难掌控的就是信心这一点。

即便是那些给人感觉赢得漂亮、出类拔萃的非常成功的管理人员也常会私下里跟我们坦诚说有的时候感觉这都是假象。

他们觉得自己的成功都走在刀锋边缘：走错一步，犯一个很小的错误，所有人都会知道他们只是一文不值、徒有虚名的骗子。

这就是所谓的替身综合征。

替身综合征指的就是一种强烈的自我怀疑，觉得你是个赝品，你的成功更多的是由于运气或者愚弄别人的能力使然，而不是源于工作，而且它往往还伴随着被人发现的恐惧。

如果你放任不管，那么替身综合征就会令你陷入困境、毁灭信心，并且低估自己领导别人和实现自身目标的能力——更不用说通过其他各种方式给你的生活添麻烦了。

我们都了解这些事情。我们也都经历过这些事情。

在人生的早期阶段，每个人都会感觉自己在会议室里格格不入，觉得其他人不会正眼瞧自己，或者我们不够聪明、不够熟练或者经验不够丰富，不足以与团队中共事的那些人相提并论。

残酷的现实是，如果你陷入了这样的困境，那么就真的无法成为合格的管理者了。你会在需要补救的时候表现过度，或者在该发表意见的时候缄口不语。无论哪一种情况都会扼杀你的公信力，并抹消你的影响力。你可以利用多种工具来克服此类自我妨碍。其中一部分包括：

1. 赞赏你的过去和现在。

大卫的一名导师说过，“虽然记住你来自哪里是件好事，但觉得自己永远停留在那里就是一件蠢事了。”

他的意思是，你在童年和人生初期的经验能支持你、帮助你做出好的决定，让你能发现各行各业的人身上的闪光点，并避免让你陷入主观偏见。将这些财富抛诸脑后实在不是明智之举。然而，不能认清眼前的环境也是同样地愚蠢。这是一种理智上的不诚实，对那些现在信任你的人而言，也是一种耻辱。

2. 记住，“总有人会看你不爽。”

这句至理名言来自于 1999 年的公开演讲世界冠军、励志演讲大师克雷格·瓦伦丁（Craig Valentine）。“总有人会看你不爽”直截了当地戳穿了这种想法的荒谬之处，因为只要你开始寻找不足之处，总能找到某种牵强的理由。

3. 笑看你的怀疑。

当大卫提起笔，立刻就被卷入了自我怀疑的漩涡之中，有个声音在告诉他，等到能写出绝对完美的东西再开始动笔吧。这时，他会正面压倒这股微弱的声音，用笑容面对，说，“啊呀，你又来了，真是个可爱的小家伙！”可爱的东西看起来都没啥要紧的。

4. 在一口吞下之前先仔细看看。

有些时候，你的怀疑可能包含了一些值得注意的重要信息。也许你需要学习某种新的技能，或者你要避开某种真正的错误。你该如何分辨合理的怀疑与无用的不安全感之间的差别呢？

想象一下，有个人扔给你一个苹果。你不会用牙齿接住，二话不说就嚼完咽下去。你会用手接住；然后可能会检查一下苹果，再决定是不是要吃下去。对待怀疑和批评要像对待苹果一样。不要自动地就把它吞下肚里。问问自己，这其中是否有对自己有价值的东西。为好奇心创造空间。看看有什么发现。你可以选择咬一口苹果，吸收其中的想法，还是把它扔进垃圾桶。

如果你还是不太确定，那么就有必要请一位导师或者教练来协助你。

5. 利用下属。

只要把注意力集中在你所支持的团队身上，就是应对替身综合征的一种最有效的工具了。他们并不非常关心你从哪里来、如何来到这里、有没有大房子小汽车、发型好看不好看什么的。他们关心的是你可以如何帮助他们在今时今日取得成功。当你一心想着支持别人时，几乎就不可能被自己的不安全感束缚脚步了。这就是为什么志愿者活动的经验能带来强大的影响，也是为什么志愿者会告诉你他们收获的比付出的更多。

在负面的工作环境中赢得漂亮

卡琳的德国公公把尝试修复负面工作环境的行为称为“Furzen gegen den Donner”。换成中文就是“对着雷声放屁”。金融服务经理小詹就遇到了这样的情况。

小詹所在部门的监管状况看起来乏善可陈：接近于零的表扬、发展或者团队合作，加上加班、有限的资源、大量的指责，以及对未来的收购和并购的不确定性。

当小詹尝试列举公司的价值时，似乎没有任何一个人知道哪里能找到答案。老员工们都知道肯定有哪份文件里写到过。但就像没人当回事的休假政策一样，不知该从何找起。每天都有人在逃离这个负面的工作环境。然而小詹在深思熟虑后决定留下来，并着手让大家团结起来，改善目前的状况。

卡琳问她为什么要这么做。

“虽然我曾经觉得自己需要离开这里，但现在却很高兴能成为解决问题的一分子。看到进展的时候我会有很大的满足感。我知道过了一年两年，我可能就会丢掉饭碗，但就目前来看，这对我而言是一份重要的工作。”

重要的工作，说得太对了。即便是在远远不及理想的环境中，小詹也正竭尽全力成为一个赢得漂亮的模范。虽然选择逃跑会简单得多，但这个世界需要那些全情投入地改变负面的工作环境的人。下面这些提示将有所帮助。

1. 列举你对工作最喜爱的地方。与别人分享。问问他们最喜欢工作的哪些方面。

2. 问问别人工作的原因。在负面的环境中，答案或许是很明显的——“为了薪水啊，傻不傻”——但你得再进一步。他们工作是为了支持病重的母亲吗？为了偿还学生贷款吗？为了给孩子念书攒钱吗？因为他们喜欢帮助顾客吗？重新回忆起工作的目的将有助于减少鸡毛蒜皮的烦心事带来的困扰。

3. 叫停负面因素。当你看到负面的思维或行为时，私下里与相关人员聊聊，请他们迷途知返，在涉及其他领导者时尤为如此。当到处都充满了负面的态度和言论时，人们很容易选择视而不见。你需要把事情搬上台面，改变情况。

4. 脱离做戏。拒绝沉溺于谣言和八卦之中。用透明和坦率来回应团队的担忧。成为一个大家眼中值得信赖的实话实说的人。

5. 寻找同道中人。尽管有时你会觉得没有一个人是积极向上的，但事实并非如此。看看周围，寻找其他在尝试改善局势的人。众人拾柴火焰高。也别忘了在组织之外寻找可能的人选。

6. 创造“尖子圈”或者文化绿洲。如果你想要扭转整个组织的文化，那么就很可能会力不从心。你可以先从自己的团队做起，尽己所能让上班成为一件更令人愉悦的事情。

7. 寻找庆祝的理由。在种种负面因素之间，你就很容易忽视好的地方。尽可能地发现和庆祝一些小小的胜利。将“没问题”这样平平淡淡的语句替换成更热情的说法，比如“我很乐意”。

8. 将障碍视为挑战。鼓励团队迎接问题，将它们当成学习和成长的机遇和挑战。即使是在最艰难的时候，也别忘了简要回顾一路上的教训，帮助员工产生积极的前进动力。

9. 更多欢笑。卡琳的一位同事在遇到公司那些最可笑和无用的政治行为时，会提醒团队说，“这只不过是在搞笑罢了。”退后一步，看清某些行为的可笑之处。你可以保持健康的距离，做出更得体的反应。

10. 展开更深入的员工发展对话。在动荡的时期，大家都害怕失控和失联。你需要将员工发展对话推到更高的层次。问问你的团队和同僚有什么希望和梦想，是什么在激励他们，以及他们惧怕什么。让他们感觉你是个关心他人的有血有肉的人。

要点贴士

1. 你最喜欢工作的哪些方面？

2. 工作的哪些方面令你失望？你可以问自己哪三个“我能如何……”的问题，从而负起责任并改善局势？试着回答并写下答案。

3. 你是如何照顾自己的？你可以在日常活动中加入哪件事情，让自己感觉更健康？

4. 你该如何为你和你的员工创建尖子圈，排除组织中其余部分带来的影响？

5. 你是否有严重的不满、困顿、自我矛盾或者大材小用的感觉？如果有，那么你该如何在目前的组织内部或者其他的组织中改善自己的状况？

第 25 章

潇洒取胜：4 步回顾自己的获胜路径

“将你的名字刻在别人的心里，而不是自己的墓碑上。你的遗产将被蚀刻在他人的思想和口口相传的关于你的故事当中。”

——香农 · L. 奥尔德（Shannon L. Alder）

你怎么知道自己赢得漂不漂亮？你有没有在改善自己的工作和生活？你是否为员工和家人准备了丰厚的遗赠？你会被别人记住吗？

这些都是些很难回答的问题。首先，我们来聊聊该避开些什么。

卡琳最近在一场全国性的大会上遇到了成功的企业家朱总。朱总告诉她一个消息，“我真的很喜欢参加这个大会，但今后有一段时间来不了了。”

卡琳心想，朱总接下来肯定会说到财政啊，满当当的商务日程啊，或者孩子的补习班安排啊之类的原因。然而，朱总说的是：

“别误会了。这一会议一直都办得有声有色。但问题是，我在来参加之前已经感到足够幸福了。我热爱我的生活。我拥有一份蓬勃发展的事业，与此同时也没有落下抚养孩子的重任。可当我来参加会议，看到其他人都那么努力地在建筑自己的职业生涯时，我就会想起各种各样我应该在做的事情，失落感也随之而来。有的时候，干脆装作没看到会让我感到更轻松。”

“你现在对自己的选择作何感想？”卡琳问道。

朱总两眼放光。“非常棒。我的孩子都是正直善良的好人。当我为了培养事业而到处旅行时，可以让他们也参与进来，并且也能一直陪伴他们左右。我为自己的职业生涯建立了强健的根基，如今孩子们都长大了，我赚到的闲钱也更多，可以带着长大成人的孩子们全家一起好好地度假。他们都喜欢和我一起玩。我打心眼里为自己的选择感到高兴。我毫无遗憾。”

他们聊到了为人之母和价值观、有计划地培养孩子，以及为度假而存钱。卡琳没能忍住自己的好奇心。“我关于培养孩子的领导能力的电子书可能很适合你。而且是免费的。我发你一份好吗？”

“不可能的！”朱总回答。

这下卡琳有点困惑了。

于是朱总认真地说道，“我每次读这种类型的书，都会觉得自己应该也能写出来，于是就会感到很遗憾。”

“应该”是个强大而有威胁意味的词。为了“应该”而悔恨是一种消磨意志的浪费时间。一定不能让你的“应该”脱离自身的现状。如果打消不了这些念头，那么就得将“应该”转变成确切的计划，但不能用它们来评判你自己，产生无端的悔恨。

赢得漂亮的管理者如何衡量成功

你如何确定自己的日常活动正在产生长期的影响呢？这个问题回答起来可能会有点难度。在一天天的日常中，时间似乎过得很慢，你可能会怀疑自己做的事情有没有意义。

如果有了孩子，那么你就知道，可能昨天你还在努力教你的小宝贝怎么吃东西或者整理房间，结果还没回过神来，今天他就已经长大，并且离开了这个家。如果你种菜的话，那么这种点点滴滴的时间流动也是家常便饭了。有一天你种下了一些种子，然后等啊等，似乎什么事情都没有发生。许多天之后，这些种子萌芽了。有几天你感觉杂草已经控制不住了。在任何一天里，都几乎看不到任何成长，然而等到夏天一过去，你就得到了成熟饱满的南瓜、番茄和黄瓜。

作为一名管理人员，你的工作也遵循着相同的节奏。每一天看起来都没有什么巨大的差别，但等你回过神才发现，这些你与他人为伴的日子已经累积到了好几周、好几个月，甚至好几年、几十年。

在评估自己的影响时，我们建议你温习一下“赢得漂亮”的模型。首先要检查的是你的价值观和对自身的内在认识——你的信心与虚心的天平有多大的倾斜？

你能本着自己最深层次的价值观来管理团队吗？即使是在危急关头，你是否也坚持了自己的信仰，说出了真实的情况？

你感觉在虚心这方面做得如何？你是否能实事求是地看到需要改进的地方？你周围聚集的是不是能对你道出真相的人？你能倾听他们的声音吗？事实上，如果对内不能赢得漂亮，那么对外也休想赢得漂亮。

如果对内不能赢得漂亮，那么对外也休想赢得漂亮。

在人际关系方面，你是否建立了健康的关系，为员工进行了足够的投资，并看到了他们的成长？

在每一天结束的时候，你能在回顾中发现至少一处你为另一个人投资的地方吗？你鼓励过谁吗？你教导过他吗？你是否给了他机会，并看到了能力提升的回报？你是否解决了一起争端？你是否让某人负起了责任？

与你共事的员工是否因为你的原因而变得更加优秀了？这是测试你领导能力的简单而强大的方法，而且一切的关键就在于健康的关系。

下一项指标就是成果。在每一天结束的时候，你能在回顾中发现至少一处行为或者最重要的某件事情为你负责实现的成果做出了贡献吗?

你不可能每天都看到完成后的作品，这就像你不可能每天都看到自己的孩子长大成年一样。这并不是什么问题。问题在于，你是否为这些成果做出过贡献？这可以是你亲力亲为的工作，也可以是你对团队的服务，帮助他们朝着成果靠近。

只要通过以下活动将你的“什么”和“为什么”联系起来，就能快速地评估自己对成果的关注程度：列出你过去三天以来的任务。针对每一项任务，问问自己为什么要完成它。你可能需要经过五六轮的思考才能将其与组织的成果联系起来。

也有可能你发现自己虽然忙忙碌碌，却没有对实现成果带来任何贡献。如果发生了这种情况，那么就到了好好地大扫除一番的时候了。有什么能主动地帮助员工和组织实现成果、值得每天进行的最为关键的行为呢?

留下赢得漂亮的足迹

你的制胜之路能流芳百世吗？你每天都在处理自己的工作；你与自己的团队一起制造、销售或学习，或者帮助你们的客户和顾客。

如果你天赋异禀或者足够幸运，那么或许能制作出某种影响持久、改变世界的东西。这是有可能的。但即使你制造、学习或者销售了某种神奇的东西，它又真正能维持多久呢？再过多久它将变得不再重要?

在你完成了汇报、报表、融资、会议之后；在你成立或供职的组织被关闭或收购，或者你离它而去之后；在你已经遗忘了现在的日常工作之后，过了很久很久，你能留下什么?

留下的并不是“东西”，即产品、销量或者决策。许多时候，甚至不是组织。这些事物都不能保证流传下去。能留下的是人。人才是你的足迹。在你的支持下赢得漂亮的人，那些如今转而领导他人，并让那些人能独立地赢得漂亮的人。

我们想提到的最后一个名字就是最近的儿童电视节目主持人弗雷德・罗杰斯（Fred Rogers）。虽然乍看之下，这位沉默寡言的罗杰斯先生与其标志性的红色毛衣似乎与你在管理事业上的足迹风马牛不相及，但几乎再没有谁能像他这样在自己的职业生活中成为如此鲜活的赢得漂亮的例证了。罗杰斯对你的影响力有着深刻的见解和清晰的说明："只要你能意识到，你对遇到的每一个人的生活而言有多么重要，你对他人的重要性就可能远远超过你的想象。在每一次与他人交往的过程中，你都会留下一些自己的东西。"

在艾美终身成就奖（Emmy' s Lifetime Achievement Award）的上述获奖感言中，罗杰斯鼓励听众们"花 10 秒钟的时间想想那些帮助你成为现在的自己的人，那么关心你、希望你拥有最好的生活的人"。

我们也邀请你反思一下：谁帮助你成为了现在的自己？然后再想想：你又是谁的帮助者呢？

在一切都逐渐淡去之后，能延续下来的是你的影响力、你的关系，以及你给周围的人带来的变化。这才是赢得漂亮的足迹。

要点贴士

1. 你在赢得漂亮吗？有什么根据？

2. 你的团队会与你分享什么样的故事？

3. 你会在赢得漂亮的旅程中邀请谁做伴？如果你将这本书分享给他们，他们会不会将你视为赢得漂亮的行为模范？

4. 列出你最希望作为一名管理人员被人记住的地方。在努力积累足迹时，要时不时地回顾这份表单。